KANADA

Mit der Bahn vom Atlantik zum Pazifik

Heritage Fund
Canada
Canada

Canada

KANADA

Mit der Bahn vom Atlantik zum Pazifik

PHOTOS:
Dudley Witney

TEXT:
Brian D. Johnson

Orell Füssli

DANK
Unser Dank gilt dem Personal der VIA Rail, CN Rail, CP Rail, BC Rail, der Ontario Northern Railway und der CN und CP Hotels. Ebenso möchten wir folgenden Persönlichkeiten danken, die uns wertvolle Hilfe geleistet haben: Omer Lavallée, Norman Lowe, Cecil Halsey, Paul Raynor, Deborah Etsten, Lorne Perry, Norman Drake, John Brebner, Al Greenway, Carolyn Burke, Barry Scott, Barry Wall, Mike Dukelow, Gillian Erlick, Roger Witney und Timothy Wilson. Den folgenden Publikationen verdanken wir im Rahmen unserer Recherchen äußerst wertvolle Informationen: *Scenic Rail Guide to Central & Atlantic Canada* und *Scenic Rail Guide to Western Canada* von Bill Coo, *The Last Spike* von Pierre Berton und *Van Horne's Road* von Omer Lavallée.

Dudley Witney und Brian D. Johnson

Photonachweis
Alle Aufnahmen stammen von Dudley Witney, mit Ausnahme der folgenden Bilder: Archives of the Canadian Rockies / Peter and Catharine Whyte Foundation S. 132; Canadian Pacific Archives S. 93, 95, 168, 197 rechts; Glenbow Archives, Calgary, Alberta S. 167; Metropolitan Toronto Library S. 57, 89, 197 links, 199; Notman Photographic Archives / McCord Museum S. 60, 61, 62, 63, 96, 131, 134, 161, 164, 165, 166 oben, 196; Provincial Archives of Newfoundland and Labrador S. 17, 20, 23, 198; Public Archives of Canada S. 18 (C 54484), 22 (PA 41121), 92 (PA 69801), 94 (C 68714), 129 (PA 38495), 133 (PA 9455), 162 (PA 11250), 166 unten (C 9683).

Lektorat: Dr. Ernst Halter
Herstellung: Peter Schnyder / Walter Voser
Grafik: Don Fernley
Druck und Einband: Amilcare Pizzi S.p.A.
Printed in Italy
ISBN 3 280 01597 9

Seite 1: Ein Eisenbahnarbeiter auf einer Motordraisine im Verschiebebahnhof von Victoria, British Columbia. Mit einem Einzylindermotor ausgerüstet, gilt sie als das primitivste aller Fahrzeuge auf Kanadas Schienen.

Seite 2 und 3: Ein Getreidezug auf der Linie der CNR auf dem Südufer des Fraser River, British Columbia. Im Hintergrund das Küstengebirge.

Seite 4: Der «Canadian» taucht aus dem goldenen Dunst eines Sonnenaufgangs in der Gegend des Lake of the Woods im Westen Ontarios. Die 615 km lange Strecke zwischen Thunder Bay, Ontario, und Molson, Manitoba, ist doppelspurig, um die gewaltigen Getreidetransporte bewältigen zu können.

Seite 5: Detail eines dreiachsigen Waggons; dieser Geschäftsreisewagen wurde 1929 für die Canadian Pacific Railways gebaut und wird heute noch vom bahneigenen Personal benützt.

Seite 7: Ein Lokführer, der seinen Dienst bei der Ontario Northland Railway antritt, führt seinen Lunch in einem alten verbeulten Köfferchen mit – ein Stück Eisenbahntradition, das gegen jegliche Modernisierung immun ist.

INHALT

VORWORT

DON BALL JR.

Vor mir Kanada!

Ich glaube, ich war nahe daran, die unendliche Weite Kanadas zu fassen, als ich an einem Freitagnachmittag früh durch die Windsor Station der Canadian Pacific in Montreal bummelte, um ein paar Aufnahmen des neuromanischen Steingebäudes zu machen. Ich war die ganze Woche lang an einer Tagung gewesen und glaubte ein wenig Eisenbahnphotographieren verdient zu haben, bevor ich zum Dorval Airport fahren und mein Flugzeug zurück nach New York besteigen mußte.

Ich hatte kaum den Warteraum betreten, als der Lautsprecher die Abfahrt des Canadian Pacific Nr. 140 nach Sherbrooke ankündigte, eine Fahrt auf der Linie, die beinahe 800 km in Richtung Osten nach Saint John führt. Ich eilte auf den Bahnsteig, um mir den weinroten Zug anzuschauen und ihn beim Verlassen des Bahnhofes zu photographieren. Wie immer war ich von der Sauberkeit des eleganten Zuges tief beeindruckt, und ich konnte der Canadian Pacific und den Kanadiern den Stolz auf ihre Züge nachfühlen. Auf dem Nebengleis stand glänzend, beinahe fleckenlos sauber der stromlinienförmige, stählerne «Canadian» – ohne Zweifel das Paradepferd der Canadian Pacific. Ich hatte den «Canadian» bei anderen Gelegenheiten schon gesehen, aber ich hatte nie Zeit gehabt, ihn mir etwas näher anzuschauen. Diesmal hatte ich die Zeit, seiner ganzen Länge entlangzugehen, und abermals zog mich der hervorragende Zustand der silber und weinrot gestreiften Waggons dieses herrlichen Zuges in seinen Bann. Ich entdeckte den Speisewagen «Louise» mit dem Biber-Signet der Canadian Pacific an beiden Enden. Ich sehnte mich danach, den Schlafwagen «Château La Salle» zu besteigen und es mir in einem der Abteile für eine Nacht auf den Schienen gemütlich zu machen. Den Schluß des Zuges bildete der Schlaf-Salon-Aussichts-Waggon «Algonquin Park». Wie gerne wollte ich in der Aussichtskuppel Platz nehmen, um Kanada von dieser Warte aus näher kennenzulernen! Ich fragte immerhin den Schaffner, ob ich einen kurzen Blick ins Innere werfen dürfe, und er erteilte mir freundlich die Erlaubnis, «an Bord zu kommen». Was mich am meisten beeindruckte, waren die Wandgemälde von Mitgliedern der Royal Canadian Academy of Arts, welche die von Budd gebauten Wagen aus dem Jahr 1955 schmücken. Aus jeder Einzelheit leuchtete der Stolz einer ganzen Nation!

Ich hatte eben noch genügend Zeit, eine Aufnahme vom rot, weiß und schwarz prangenden Emblem am Ende des Aussichtswaggons zu machen: *The Canadian.* Ich eilte in den Bahnhof zurück, wo der Lautsprecher gerade auf französisch und englisch verkündete: «Zug Nummer Eins, Canadian, mit Halt in...» Ich überlegte, wie es wohl wäre, quer durch das ganze Land zu reisen, in zehn Minuten abzufahren und zu wissen: Vor mir Kanada!

Eine mit Schnee und Eis verkrustete Personenzuglokomotive, nach einer Fahrt durch die Prärien im Dezember. Die extremen Unterschiede zwischen den Jahreszeiten spielen dem alternden Rollmaterial der kanadischen Eisenbahnen arg mit. Kanada ist das einzige Land auf der Welt, in dem immer noch dampfgeheizte Personenwaggons eingesetzt werden.

Ein Stapel ausgedienter Schienen in Midway, British Columbia. Das Eisenbahnsystem Kanadas ist seit den goldenen Zeiten am Anfang unseres Jahrhunderts mächtig zusammengeschrumpft. Heute noch werden unwirtschaftliche Nebenlinien stillgelegt und abgebaut.

Aber einen Augenblick, bitte! Habe ich nicht eben gesagt «für eine Nacht»? Der «Canadian» ist bestimmt ein stromlinienförmiger, sehr schneller und moderner Zug von Küste zu Küste, aber wie weit würde ich an einem Nachmittag und in einer Nacht wohl kommen? Natürlich war es für mich nichts Neues, über Nacht in einem Fernzug «von hier nach dort» zu gelangen, aber ich hatte mir nie richtig überlegt, wie lange die Fahrt in einem echt transkontinentalen Zug eigentlich dauern würde. Ich nahm einen Fahrplan zur Hand und begann Einblick in die wahren Dimensionen Kanadas zu nehmen. *«Your attention, please! Votre attention, s'il vous plaît!* Zug Nummer Eins, Canadian...» Mein Studium des Fahrplans ergab, daß ich in ziemlich genau vierundzwanzig Stunden in Port Arthur (Stadtteil von Thunder Bay) ankommen würde. *Weitere* vierundzwanzig Stunden später würde ich mich durch einen endlosen Ozean von Weizen Calgary nähern, wo ich am Sonntagnachmittag um 14.45 Uhr Lokalzeit eintreffen würde. Am *Montag*morgen schließlich würde der «Canadian» um 11.20 Uhr Lokalzeit – um 14.20 Uhr meiner New Yorker Zeit – Vancouver erreichen. Der «Canadian» würde sechs riesige und sehr unterschiedliche Provinzen durchqueren und dabei über und durch die Rocky Mountains fahren. Er würde Geschäftsleute, Präriebewohner, Touristen, Kaufleute, Indianer, Jäger, Bauern, Cowboys, Bergleute und Seeleute durch wilde, einsame Landschaften befördern, die wir nur als *frontier,* als Grenzland bezeichnen können.

Wenn ich daran denke, daß nur 25'000'000 Menschen diese gewaltige kanadische Landmasse bevölkern, die an Größe nur der Sowjetunion den Vorrang überlassen muß, dann sind die Implikationen enorm. Grenzland, das ist es. Und dabei dürfen wir nicht vergessen, daß Kanada noch eine junge Nation ist, daß das Parlament erst vor knapp über hundert Jahren den Bauvertrag für die Canadian Pacific von Küste zu Küste unterzeichnet hat. Die historischen Berichte weisen Lücken auf, aber wir wissen immerhin, daß die CPR mit einer vorher noch nie dagewesenen Geschwindigkeit eine Wildnis eroberte, die nur Indianern und Tieren bekannt gewesen war. Das Werk war am 7. November 1885 vollendet; an diesem Tag schlug der Eisenbahnpionier Donald Smith mitten in den Rocky Mountains, in Craigellachie, B.C., den Goldenen Schienennagel ein. Sieben Monate nach Eröffnung der transkontinentalen Linie trat der *Pacific Express* mit 12 Mahagoni-Waggons seine erste Fahrt von Montreal Richtung Westen nach Port Moody an (19 km östlich von Vancouver). Die Reise dauerte fünfeinhalb Tage – wesentlich schneller als die sechs Monate, welche ein Pferdewagen für die gleiche Strecke benötigte.

Nun, das Signal «Freie Fahrt» dürfte jeden Augenblick aufleuchten. Es ist Zeit, die Schreibmaschine einzupacken, einzusteigen und den Rest der Eisenbahn, Brians Worten und Dudleys Bildern zu überlassen. Es ist Zeit, sich bequem zurückzulehnen, sich zu entspannen und die Pracht Kanadas auf uns einwirken zu lassen. Öffnen wir unser Ohr auf unserer gemeinsamen Fahrt den Geräuschen der Eisenbahn – und den Geräuschen Kanadas. Vergessen wir nicht, daß der Kanadier im Pfeifen der Lokomotive die Musik seiner Vorväter hört, den Ruf einer wachsenden Nation.

EINLEITUNG

BRIAN D. JOHNSON

Oben: Der «Canadian» fährt über den Red River in Winnipeg, Manitoba, ein.

Links: Blick nach Westen durch das Bow Valley zwischen Banff und Lake Louise in Alberta.

Ein Zug gleicht einer Kamera, die ununterbrochen einen unvorstellbar langen Film dreht. Die Landschaft zieht wie ein Kinofilm am Fenster vorbei – das Gleis ist der Film, der durch die Trommel gespult wird. Wer quer durch Kanada reist, kommt in den Genuß eines epischen Werkes, dessen Bilder sich über unendliche Weiten entfalten. Eine Reise von Küste zu Küste, ohne Aufenthalte oder Umwege, nimmt im Zug eine volle Woche in Anspruch. Auch mit dem Wagen ist eine solche Reise möglich, doch gleicht sie mehr einem Fernsehfilm: die Straße wird zu einem Betäubungsmittel; sie schränkt das Gesichtsfeld ein, und die allzu zahlreichen Unterbrechungen stören die Kontinuität. Der Zug, der sich geschmeidig durch das Land bewegt, ist das einzige Verkehrsmittel, das Kanada im richtigen Maßstab zu vermitteln vermag.

Die Proportionen sind außergewöhnlich. Mit eben fünfundzwanzig Millionen Einwohnern auf einer Fläche, die nur derjenigen der Sowjetunion nachsteht, besitzt Kanada mehr Eisenbahnkilometer pro Kopf der Bevölkerung als jedes andere Land auf der Welt. Die gut 80'000 Kilometer Gleis entsprechen mehr als dem doppelten Umfang unseres Planeten. Und Eisenbahnen spielen denn auch eine sehr wichtige Rolle für Kanada. Sie verbinden die entlegensten Regionen des Landes miteinander und erschließen phantastische Landschaften. Sie transportieren die Bodenschätze, welche die Grundlage der kanadischen Wirtschaft darstellen. Historisch gesehen sind sie konkreter Beweis für die kühne Annahme, ein so kleines Staatsvolk könne die Souveränität über ein so gewaltiges Territorium ausüben.

Oft wird gesagt, ohne Eisenbahn würde Kanada nicht existieren. Beide wurden denn auch wirklich im gleichen historischen Augenblick ins Leben gerufen. Im Jahr 1867 wurde die British North America Act verabschiedet, welche die Provinzen Kanada (Quebec und Ontario), New Brunswick und Nova Scotia vereinigte. Die beiden letzteren schloßen sich der Föderation allerdings erst an, nachdem sie die Garantie erhalten hatten, die neue Regierung würde für eine Eisenbahnverbindung mit den übrigen Landesteilen sorgen. British Columbia machte seinen Beitritt im Jahr 1871 ebenfalls vom Versprechen abhängig, daß eine Eisenbahnlinie bis zur Pazifikküste vorgetrieben würde. Und Prince Edward Island kam 1873 zur Föderation, weil das Geld für ein eigenes Eisenbahnprojekt ausgegangen war. Die erste transkontinentale Verbindung, welche die Canadian Pacific Railway vor über hundert Jahren in Rekordgeschwindigkeit erbaute, brachte dem noch unbesiedelten Westen eine erste Welle von Einwanderern. Entlang der Strecke schossen auf bisher jungfräulichem Grund zahlreiche Städte und Dörfer aus dem Boden, und Saskatchewan und Alberta wurden als Provinzen innerhalb der Föderation gebildet.

Die Linie der CPR ist heute noch die Hauptachse der Zivilisation im Westen. Die Linienführung war seinerzeit hart umstritten. Die CPR lehnte eine nach Norden ausweichende Route ab und entschloß sich für den kürzesten Weg, obwohl dies bedeutete, daß man sich durch die Granitrampen am Ufer des Oberen Sees sprengen und einen Durchgang durch die Rocky Mountains finden mußte, wo es wahrscheinlich gar keinen gab. Die CPR widersetzte sich auch einer einfacheren Variante südlich der Seen durch das Gebiet der Vereinigten Staaten, weil sie die Strecke wesentlich verlängert und ihre innerkanadische Integrität beeinträchtigt hätte.

Die Hauptinitianten des Projektes waren der Präsident der CPR, das Finanzgenie George Stephen, und der ungeheuer willensstarke Generaldirektor der Eisenbahn, William Van Horne. Stephen rieb sich beinahe auf beim Versuch, durch Finanzierungsgesellschaften und Staatsanleihen die enormen Geldmittel bereitzustellen, ohne die die Eisenbahn bald zahlungsunfähig gewesen wäre. Van Horne, ein echter Renaissance-Yankee, dessen Talente als Rosenzüchter und standfester Spieler gleichermaßen bekannt waren, stellte die Armee auf die Beine, welche die Strecke vermessen und durch unwirtliches Gelände, wie es schlimmer kaum denkbar ist, vorantreiben sollte. Mit Männern, Pferden und Dynamit wurden die Bauarbeiten im Jahre 1881 aufgenommen

und 1885 vollendet. Diese Leistung kennt in der Eisenbahngeschichte nicht ihresgleichen, und kein Mensch hätte es für möglich gehalten, daß dieses Werk in so kurzer Zeit abgeschlossen werden könnte.

Im Soge des Triumphs der CPR wurde das Verlegen von transkontinentalen Eisenbahnlinien mitten durch die Wildnis zu einer nationalen Besessenheit. Schon 1915 zogen sich zwei weitere Linien quer durch das ganze Land: die Canadian Northern und die Grand Trunk Pacific im Westen, an die sich die National Transcontinental im Osten anschloß. Gegen Ende des Ersten Weltkriegs standen alle drei am Rande des Ruins, genau so wie – mit Ausnahme der CPR – die meisten andern Linien. Im Jahr 1919 gründete die Bundesregierung die Canadian National Railways, welche 221 finanziell kranke Linien einschließlich der neuen transkontinentalen Strecken übernahmen. Die staatlichen CNR und die private CPR sind seither zum Yin und Yang des kanadischen Transportwesens geworden, Konkurrenzunternehmen, die ihre Tätigkeit mittlerweile auch auf Hotels, Schiffs- und Lastwagentransporte, Fernmeldewesen und Immobilien ausgedehnt haben.

Jahrelang buhlten CN und CP um die Gunst der Eisenbahnreisenden, und beide Gesellschaften führten Züge zwischen Montreal und Vancouver. Der «Super-Continental» der CN bediente die nördliche Route über Edmonton und Jasper, der «Canadian» der CP diejenige über Calgary und Banff. Der Passagierverkehr war – vor allem über derart lange Strecken – chronisch defizitär, und so übergaben CN und CP ihre diesbezüglichen Mandate nur allzu gern einer 1977 gegründeten staatlichen Agentur, der VIA Rail, die zahlreiche Züge, unter anderem den «Super-Continental», einstellte.

Anfang 1985 versprach die Regierung, sechs dieser Züge wieder in Betrieb zu nehmen und altes Material zu ersetzen. Das Schicksal der Passagierlinien, die umfangreiche Subventionen erfordern, bildet Jahr um Jahr Gegenstand nationaler Kontroversen; die Eisenbahn, die ihre Entstehung politischen Unruhen verdankt, muß sich nun über solche hinwegsetzen.

Zugreisen quer durch Kanada sind nicht mehr so beliebt wie früher. Während der Sommermonate ist der «Canadian» durch Touristen stark belegt. Das Flugzeug hat aber der Eisenbahn als Verkehrsmittel auf langen Strecken den Rang abgelaufen. Heute legen nur noch solche Kanadier große Distanzen im Zug zurück, denen Fliegen zu teuer oder zu gefährlich ist oder deren Herz einfach noch an der Eisenbahn hängt. Obwohl das goldene Zeitalter der Züge vorbei ist und sich alte Eisenbahnfreunde über die zunehmend schlechteren Dienstleistungen beklagen, bietet der «Canadian» immer noch ein Abenteuer für sich. Beinahe fünftausend Kilometer in viereinhalb Tagen – mit Ausnahme des Transsibirien-Express in Rußland führt keine andere Eisenbahn der Welt über eine längere Strecke. Und ein großer Teil der Fahrt von Ozean zu Ozean kann in einem Aussichtswagen zurückgelegt werden.

Die in diesem Buch beschriebene Reise quer durch Kanada führt allerdings nicht bloß von Küste zu Küste, sondern von einer Insel im Atlantik zu einer Insel im Pazifik. Sie beginnt auf einer Schmalspurstrecke an den Gestaden von Newfoundland und endet im «Malahat Dayliner» auf Vancouver Island. Abgesehen von einigen Abstechern, die einfach zur Pflicht eines Eisenbahnfreundes gehören – zum Beispiel eine Spritztour um die Gaspé-Halbinsel vor Quebec und eine Fahrt auf der British Columbia Railway –, führt sie auf kürzestem Weg quer durch das Land. Rein geographisch gesehen lernt der Reisende nur einen schmalen Streifen Kanadas kennen, das sich von der hohen Arktis bis zu einem Breitengrad ungefähr auf der Höhe von Rom erstreckt. Demographisch gesehen verläuft die Route allerdings mitten durch das Herz der Nation. Neunzig Prozent der Bevölkerung Kanadas leben in einem rund 300 km breiten Landstrich entlang der Grenze zu den Vereinigten Staaten. Ein rascher Blick auf die Karte zeigt, daß die wichtigsten Eisenbahnverbindungen in Ost-West-Richtung alle großen Städte des Landes berühren. Den größten visuellen Eindruck hinterlassen beim Reisenden aber ohne Zweifel die unendlich weiten Gebiete zwischen diesen Städten.

Ein abgewetzter Bremsschuh auf dem Schotterbett irgendwo auf Newfoundland. Auf der Schmalspurstrecke der Insel, die wegen ihren massiven Steigungen und engen Kurven berüchtigt ist, werden die Bremsen der Züge hart beansprucht.

Da die geologischen Hauptstrukturen Nordamerikas, zum Beispiel die Rocky Mountains, von Norden nach Süden verlaufen, bietet eine Reise von Osten nach Westen landschaftlich eine beinahe unvorstellbare Vielfalt. Die Eisenbahn führt nicht so sehr über die Landschaft hinweg, als vielmehr mitten durch sie hindurch. Sie klammert sich an Fluß- und Seeufer, windet sich durch Schluchten, wühlt sich unter Bergen hindurch; sie hat in der Landschaft eine ewige Narbe hinterlassen. Und diese künstlich eingepflanzte, stählerne Arterie ist der klarste Beweis dafür, daß die Erde mehr zu bieten hat als nur landschaftliche Reize: Bodenschätze halten die kanadische Wirtschaft in Schwung, die Eisenbahn ihrerseits befördert die Gaben der Natur. Korn, Holz, Kohle, Pottasche, Schwefel, Kupfer, Nickel, Eisen, Petrochemikalien – das sind die bevorzugten Reisenden auf Kanadas Schienennetz. Der einzige Grund, der jemals den Wahnsinn gerechtfertigt hat, mit stählernen Strängen Meilen soliden Gesteins zu durchstoßen, ist das Geld, welches der Gütertransport einbringt. Der Passagierverkehr hat nur als angenehme Begleiterscheinung bis auf den heutigen Tag überlebt.

Die Eisenbahn liefert nicht nur einen Ausblick auf die Landschaft, sondern auch auf die Schätze, die aus ihr gewonnen werden. Das immer wiederkehrende Grün der Bäume, die am Fenster vorbeiziehen, erinnert den Reisenden daran, daß die größte einzelne Wirtschaftsquelle Kanadas die Forstwirtschaft ist. Wenn er in den baumlosen Prärien während 24 Stunden durch ein einziges Meer von Weizen fährt, ist das Einzige, was ihn ab und zu aus seinen existentiellen Grübeleien reißt, ein am Wagenfenster vorbeidonnernder Zug aus einhundertfünfzig Selbstentladewagen voller Korn. Auf den steilen Rampen zu einem Gebirgspaß entdeckt er vielleicht einen meilenlangen Kohlezug, der auf einem Nebengleis die Kreuzung abwartet. Die Eisenbahn, die den Reisenden zu einer der atemberaubendsten Fahrten auf der ganzen Welt einlädt, dient gleichzeitig als Pipeline der Industrie. Die moderne Betriebstechnik ist am deutlichsten daran erkennbar, wie sie mit der Kohle, dem fossilen Energielieferanten der frühen Industrierevolution, fertig wird.

Züge mit je hundert Waggons, die nie abgekoppelt werden und zum Be- und Entladen nie anhalten, sorgen für den Abtransport aus British Columbia. Am Ausgangspunkt der Strecke befahren sie eine weite Schleife, auf welcher sie automatisch beladen und zum Schutz der Landschaft vor Staub mit einem speziellen Spray besprüht werden. In der Endstation am Pazifik durchlaufen sie wiederum eine Schleife, wo die Waggons über drehbare Schieber entladen werden. Für Eisenbahnfreunde, die sich gerne der Zeiten erinnern, als die Kohle noch von Hand in die Tender geschaufelt wurde, mag eine solche Anlage eher einem Förderband als einem Zug gleichen. Aber dies ist der Maßstab der kanadischen Eisenbahnen, die sich am Maßstab des Landes orientiert haben.

Die folgenden Bilder – von und aus Zügen – sind Momentaufnahmen aus einem Film, der für die Kamera nicht langsamer läuft oder gar anhält. Abgesehen von Standaufnahmen in Stationen oder Güterbahnhöfen klickt der Verschluß der Kamera im Rhythmus des Zuges. Jedes Bild, das belichtet wird, entspricht einem bestimmten Streckenabschnitt. Der Autor des Textes folgt der Reiseroute des Photographen. Er wirkt als Reiseführer und Historiker, berichtet aber auch von Begegnungen mit Orten und Menschen. In solchen Begegnungen schwingt immer das Element des Zufalls mit, genauso wie bei einem raschen Blick aus dem Wagenfenster, und das macht den Zauber einer Eisenbahnfahrt aus. Fahrplan, Route und Rhythmus des Zuges sind bestimmt und schenken dem Reisenden die Freiheit, seinen Geist schweifen zu lassen.

Bahnsteigausgang im alten CPR-Bahnhof in Winnipeg. Der gesamte Personenverkehr wird heute über den Bahnhof der CNR abgewickelt. Das aus dem Jahr 1904 stammende Gebäude der CPR ist ein grandioses Überbleibsel eines goldenen Zeitalters, in welchem die Horizonte der Eisenbahnentwicklung noch unbegrenzt schienen.

DIE ATLANTIKKÜSTE

Oben: Eine hölzerne Fachwerkbrücke über den Codroy River im Westen von Newfoundland (ca. 1900).

Links: Umzäunte Wiesen bilden eine hübsche Oase im wilden, zerklüfteten Küstengebiet von Newfoundland.

Die Reise beginnt auf der Insel, die den Übernamen «Rock» (Fels) trägt. Wie ein gigantischer Anker liegt Newfoundland vor der Atlantikküste, Anfang und Ende Kanadas zugleich. An den öden Küsten dieser Insel faßte der weiße Mann erstmals Fuß, und hier sollte auch die erste Überseekolonie des Britischen Reiches entstehen. Anderseits war Newfoundland aber die letzte Provinz, die sich der kanadischen Föderation anschloß, und es mutet fast unglaublich an, daß jemand versuchen sollte, hier einen Zug zu besteigen.

Die Eisenbahn auf Newfoundland hat im ganzen Lande nicht ihresgleichen. Ihr Bau in den Jahren 1881 bis 1898 ging nur stockend und etappenweise voran, ihre Spurweite beträgt nur 1067 mm (Normalspur auch in Kanada 1435 mm). Ihre Strecke führt durch zerklüftete, präkambrische Felsmassive und unbewohnte Regionen mit ausgedehnten Nadelwäldern. Große Hoffnungen auf Rentabilität hatte man sich nie gemacht. Im krassen Gegensatz zu den technisch ausgezeichneten Bahnanlagen auf dem Festland zeugt die Eisenbahn von Newfoundland in allen Einzelheiten – von der Schmalspur bis zur komplizierten Linienführung – von der Bescheidenheit ihrer Konstruktion. Sie schlängelt sich holterdiepolter durch das flachwellige Hochland der Insel und meidet Hügel und Täler, indem sie sie umfährt. Auf der ganzen Strecke gibt es keinen einzigen Tunnel, die Steigungen sind massiver als irgendwo in den Rocky Mountains, und die engsten Kurven liegen ausgerechnet in den steilsten Abschnitten.

Die Eisenbahn auf Newfoundland befördert heute praktisch keine Personen mehr. Der legendäre «Bullet» (Kugel), wohl der langsamste Zug der Welt, der jemals zu einem solchen Übernamen gekommen ist, trat seine letzte Fahrt von Küste zu Küste im Jahr 1969 an. Bei gutem Wetter benötigte er für die 881 km von St. John's nach Port aux Basques vierundzwanzig Stunden, und das Wetter war beileibe nicht immer gut. Da Stürme schon ganze Waggons von den Schienen gefegt hatten, beschäftigte die Bahn einen menschlichen Windmesser, dessen Nase darüber entschied, ob besonders dem Sturm ausgesetzte Streckenabschnitte sicher befahren werden konnten oder nicht. Lautete der Bescheid negativ, sicherte das Personal den Zug mit schweren Ketten an den Schienen, bis der Sturm wieder abflaute. In den Wintermonaten hielten gewaltige Schneeverwehungen in den Barrens, einem Hochland im Norden der Insel, den «Bullet» manchmal tagelang auf. Im Jahr 1949 blieb ein Zug während mehr als zwei Wochen in dieser Einöde blokkiert.

Die einzige Strecke, auf der heute noch Passagiere befördert werden, ist ein 222 km langer Abschnitt zwischen Bishop's Falls und Corner Brook durch einen Teil der Barrens, wo es heute noch keine Straßen gibt. Von Personenverkehr zu sprechen, ist allerdings schon sehr übertrieben. Eigentlich handelt es sich nur um einen Güterzug mit einem oder zwei Personenwagen für die Jäger, die keine andere Möglichkeit haben, zu ihren Blockhäusern inmitten der Wildnis zu gelangen. Kein Mensch nimmt die lange Anreise nach Newfoundland auf sich, nur um dort einen Zug zu besteigen. Und dennoch schien es mir keinen besseren Ausgangspunkt für eine Eisenbahnreise quer durch Kanada zu geben als eben St. John's, die Hauptstadt der Insel und die älteste und östlichste Stadt in ganz Nordamerika.

Obwohl St. John's nur von Güterzügen bedient wird, steht ein neues Eisenbahnhotel der CN über den grauen Klippen, die den Hafen umschließen. Auf der anderen Seite der Stadt, in der Nähe des Güterbahnhofes entlang der Dockanlagen, befindet sich die Eisenbahnstation, ein gedrungenes Gebäude aus Granitblöcken aus einem Steinbruch in den Barrens. Sie dient heute als Busterminal. Ich bestieg einen Bus in Richtung Norden; die Küstenstraße verläuft ungefähr parallel zur Linie, auf der früher der «Bullet» verkehrte. Durch Dörfer und Weiler mit Namen wie Goobies, Gambo oder Come-by-Chance erreichten wir nach rund sieben Stunden Bishop's Falls. Von dort sollte am folgenden Morgen um 9 Uhr 30 der gemischte Personen-Güterzug abgehen. Er fuhr allerdings erst um 11 Uhr 45 ein, und dann verzögerten gemächliche, beinahe rituell anmutende Rangiermanöver die Abfahrt noch um weitere zwei Stunden.

Ich leistete dem Maschinisten und dem Bremser im Führerstand hinten auf der bulligen, orangefarbenen Diesellok Gesellschaft. Hinter uns befanden sich zwei weitere, ferngesteuerte Lokomotiven, dreiundachtzig Güterwaggons, ein alter, grauer Personenwagen und ein Bremswaggon. Der Personenwagen, ausgestattet mit einem Ölofen samt Kamin, war leer und sollte es während der ganzen Reise bleiben. Der Lokführer machte sich ernstlich Sorgen, ob die drei Lokomotiven mit je 1200 PS wohl stark genug wären, um die schwere Last über die Barrens zu schleppen. Der Fahrdienstleiter versicherte ihm allerdings, er habe bestimmt keinen Fehler gemacht. «Nun gut», seufzte der Lokführer, «es ist ja Ihr Zug.» Heisere Stimmen erklangen aus dem Funkgerät, und zischend strömte Druckluft aus, als die Bremsen getestet wurden. Beim Zurücksetzen schaute der Lokführer aus dem Fenster, als würde er ein Auto parkieren, und dies, obwohl das Ende des Zuges beinahe eine Meile entfernt war.

Ein heftiger Wind peitschte Schaumkronen auf die Wellen des Exploits River, als wir Bishop's Falls endlich hinter uns ließen. Tiefhängende Wolken verschleierten den westlichen Horizont. Nach geraumer Weile begannen Lokführer und Bremser wie auf ein unhörbares Stichwort hin ihren Lunch auszupacken. Während sie sich unter gelangweiltem Schweigen daran gütlich taten, tauchte vor der Lokomotive plötzlich ein Schwarzbär auf. Gemächlich trottete er über das Gleis und den Bahndamm hinunter. Lokführer und Bremser schauten ihm aufgeregt nach. Elche und Karibus waren für sie keine Seltenheit – hie und da kam es gar zu Kollisionen –, aber Bären boten doch einen eher ungewohnten Anblick.

Die Landschaft wurde immer rauher, je weiter wir nach Westen fuhren, und der Himmel glich mit seinen Grautönen einem Aquarell, auf dem sich die Wolken voneinander abhoben, als wäre zuviel Farbe mit zuvielen Pinselstrichen aufgetragen worden. Nach und nach wurde die Rampe zur Hochebene der Barrens hinauf immer steiler. Zu Zeiten des «Bullet» konnte man hier angeblich aussteigen, gemütlich ein paar Teebeeren pflücken und im hintersten Wagen wieder zusteigen. Wir befanden uns schon ziemlich hoch oben, als plötzlich ein gelbes Warnlicht aufblinkte; dies bedeutete, daß die Antriebsräder durchdrehten. Dann verstummte mit einem Mal die Lokomotive hinter uns. Der Bremser stieg aus, um Nachschau zu halten. Rasch entdeckte er einen Schalter, den er in die richtige Stellung schieben mußte. Nun ging es im Schnekkentempo weiter bergauf. Aber nur ein paar Minuten später verstummte die zweite Maschine erneut. Seufzend machte sich der Bremser wieder auf den Weg und öffnete zum zweiten Mal den Sicherungskasten mit der Aufschrift: GEFAHR 600 VOLT. Der weiße Rauch, der herausquoll, schien ihn weder zu interessieren noch zu beunruhigen. Er deckte einfach die Verschalung ab, damit die kühle Nachtluft löschen konnte, was immer da auch glimmen mochte.

Felsarbeiten auf der Linie der St. John Valley Railway bei Woodstock, New Brunswick, im Jahr 1913.

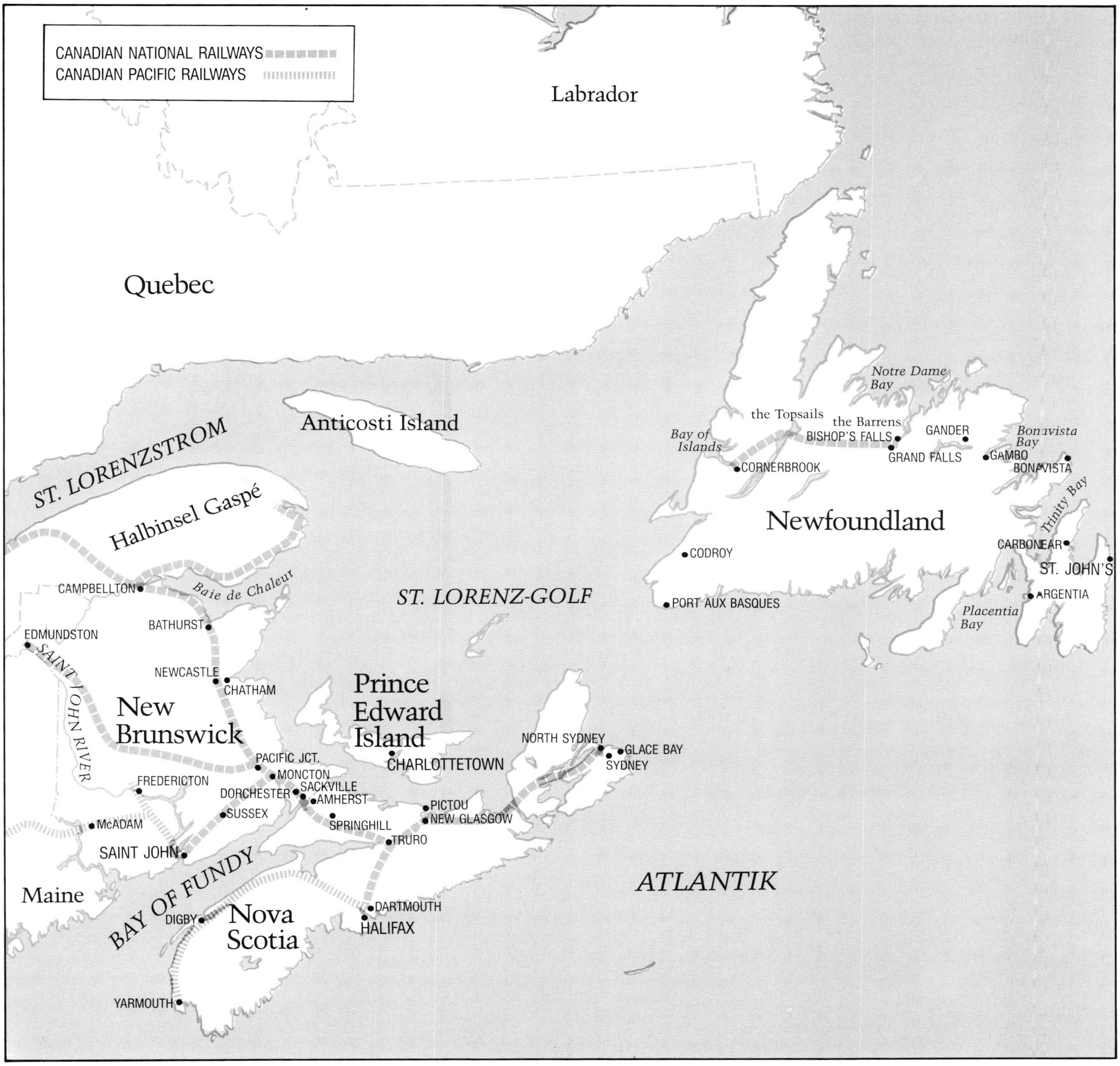

Damit war die zweite Lokomotive endgültig ausgefallen. Der Lokführer sah sich nun vor der keineswegs beneidenswerten Aufgabe, dreiundachtzig Güterwaggons auf dem steilsten Streckenabschnitt mit nur zwei Maschinen aus dem Stillstand wieder in Fahrt zu bringen. «Warten wir einmal ab, bis die beiden wieder volle Kraft leisten; dann wollen wir sehen, was passiert.» Sanft drückte er den Fahrthebel in Stellung, und sofort verkündete das gelbe Warnlicht, daß die Räder wieder durchdrehten. Er schoß einen Sandstrahl auf die Schienen, schob den Fahrthebel ruckartig vor und zurück und trommelte mit den Fingern ein Gebet auf den Messinghebel der Druckluftbremse, die ein Zischen wie eine überdimensionale Espresso-Maschine von sich gab.

Der Zug kroch ein paar Zentimeter vorwärts, ein paar Meter... und stand wieder still. Einen Augenblick lang schien es sogar, als wolle er rückwärts zu Tal rollen, aber dann ruckte er dank einem mehr geistigen als physischen Kraftakt («Ich glaube, ich schaffe es, ich glaube, ich schaffe es!») wieder an, und gut fünf Minuten später zeigte ein Schild an, daß wir mit 1'566 Fuß den Gipfelpunkt der Strecke erreicht hatten. Es war schon beinahe dunkel. In der Ferne hoben sich drei einzelne Bergspitzen silhouettenhaft von der Hochebene ab. Aufgrund ihrer Anordnung, die an einen Dreimaster erinnert, sind sie als die drei «Topsails» (Toppsegel) bekannt – Main Topsail (Großsegel), Mizzen Topsail (Besansegel) und Gaff Topsail (Gaffeltoppsegel). Aus dem flachen Moorland an ihrem Fuße ragen nur ein paar einsame, verkrüppelte Nadelbäume empor. Der Lokführer erzählte, hier sei er im Winter oft steckengeblieben, und manchmal habe der Sturm so heftig getobt, daß die Besatzung die Maschine tagelang nicht habe verlassen können. Dann hätten sie von Konserven gelebt und die Dieselmotoren im Leerlauf weiterarbeiten lassen, um es wenigstens warm zu haben. Im Dampfzeitalter mußten sich die Männer jeweils mit Schneeschuhen auf die Suche nach Holz machen, wenn die Vorräte allmählich knapp wurden.

Auf dem Gefälle jenseits der Hochebene stellte der Lokführer die Dieselmotoren ab und ließ den Zug rollen. Nachdem der Lärm und die Vibrationen der Maschinen verstummt waren, durchbrachen nur noch das Kreischen von Metall auf Metall und das zeitweise Zischen der Bremsen die Stille. Das Wrack einer alten Güterzuglokomotive neben der Strecke diente als Warnung vor allzu hohen Geschwindigkeiten. Auf dieser Talfahrt hatte man das Gefühl, in einem 1 km langen und 8000 Tonnen schweren Gleiter zu schweben. Kurve reihte sich an Kurve, und auch auf den geraden Abschnitten schwankte der Schienenstrang im Licht der Lokomotive wild hin und her.

Die Bay of Islands an der Westküste von Newfoundland (ca. 1895).

«Wenn sich nun ein Elch oder ein Karibu auf das Gleis verirrt, ist es aus», lächelte der Bremser. «Meistens geraten sie direkt unter die Lokomotive und werden wie Hamburger wieder ausgespien.» Alle paar Augenblicke ging eine krachende Erschütterung durch die Maschine, wenn der lange Zug wieder auf die Lokomotiven aufprallte. Aus einem Anfall von morbider Neugier heraus erkundigte ich mich nach Zugunglücken. Der Bremser berichtete, vor zehn Jahren sei eine Lokomotive mit einem einzelnen Güterwaggon frontal mit einem Güterzug zusammengestoßen. Der Güterwagen sei über die Lok hinweggeflogen, habe den Führerstand abrasiert und die drei Männer darin getötet. «Das ist eben nur Sperrholz», meinte er und klopfte auf die Wand neben mir.

Wir rasselten weiter talwärts; der Halbmond schnitt wie eine Sichel durch die Wolken und zauberte bizarre Formen in die Nacht, während sich die Strahlen im Muster zahlreicher Moortümpel spiegelten. Unten im Tal folgte der Schienenstrang der Uferlinie eines großen Sees, und die Mondstrahlen, durch die Wolken in verschiedensten Winkeln gebrochen, spielten auf dem Wasser wie Spotlichter. Dann aber schloß sich die Wolkendecke vollends, und nur noch die Lichtfinger der Lokomotive brachten etwas Licht in die finstere Nacht.

Die Fahrt endete in Cornerbrook, einem Zentrum der Holz- und Papierindustrie, dessen Skyline von einem halben Dutzend hoher Kamine beherrscht wird. Die Mühlen arbeiten Tag und Nacht und verbreiten bei ungünstigen Windverhältnissen, wie sie bei unserer Ankunft gerade herrschten, über die ganze Stadt einen Teppich von Lärm und beißendem Geruch. Der Zug hielt um 21 Uhr 45, wir hatten also für die Strecke von 222 km sechs Stunden benötigt. Ich beschloß, die 229 km nach Port aux Basques nicht nochmals mit einem Zug, sondern am folgenden Morgen per Bus zurückzulegen. Von Port aux Basques, der Endstation, wo die Güterwaggons vom Festland auf Schmalspurwagen umgeladen werden, nahm ich die Nachtfähre nach North Sidney in Nova Scotia, und von dort aus erreichte ich mit einem Personenzug schlafend und ohne besondere Vorkommnisse Halifax.

Als wichtigster Hafen Kanadas am Atlantik liegt Halifax am eigentlichen Ausgangspunkt einer Eisenbahnfahrt quer durch den ganzen Kontinent. Hier fährt der «Ocean» ab, ein Nachtexpress, der über die Strecken der ehemaligen Intercolonial und Grand Trunk Montreal entgegeneilt, wo die Reisenden weiter nach Westen auf den täglichen «Canadian» nach Vancouver umsteigen. Die Intercolonial, die 1876 ihren Betrieb aufnahm, bildete ein weiteres stählernes Band zwischen noch sehr zurückhaltenden Partnern der Föderation; durch Nova Scotia und New Brunswick stellte es in Mont Joli (Quebec) den Anschluß an die Grand Trunk her. Der «Ocean» nahm seinen Dienst auf dieser Strecke im Jahr 1904 auf und ist damit der älteste Personenzug in ganz Kanada.

Der Bahnhof von Halifax steht unmittelbar am Wasser, flankiert von einem alten Eisenbahnhotel, das heute allerdings nicht mehr der Eisenbahn gehört. Es handelt sich um den zweiten Bahnhof, denn der erste flog zusammen mit einem beträchtlichen Teil der Stadt in die Luft, als am 6. Dezember 1917 ein französisches Munitionsschiff mit 5000 Tonnen Sprengstoff an Bord im Hafen mit einem norwegischen Schiff kollidierte. Bei der Explosion kamen 1600 Menschen ums Leben, 8000 wurden verwundet und 25'000 obdachlos. Die neuen Bahnanlagen am Hafen, die kurz vor dem Unglück fertiggestellt worden waren, wurden pulverisiert, und ganze Güterwagen flogen durch die Luft. Es sollte die schlimmste von Menschen verursachte Explosion vor der ersten Atombombe sein. Während des Zweiten Weltkrieges erlangte Halifax als Einschiffungshafen für die kanadischen Truppen größte Bedeutung. Züge, manchmal bis zu 26 an einem einzigen Tag, brachten die Soldaten aus allen Himmelsrichtungen zu diesem Sammelpunkt. Um diesem Ansturm gewachsen zu sein, richtete die Eisenbahn eine der ersten elektrischen Weichenanlagen des Landes ein.

Heute macht der Güterumschlag – wie auch anderswo im Land – den Löwenanteil des Eisenbahnverkehrs in Halifax aus. Jeden Tag kommen aus Nova Scotia drei Züge mit je hundert Waggons Gips für den Export im Hafen an. Schiffe laden Kartoffeln, Pottasche und Papierholz aus New Brunswick. Und die CNR betreiben in den Dockanlagen einen

Die «Samson», die erste Lokomotive in Nova Scotia, im Jahr 1838. Sie wurde auf einer 9,6 km langen Strecke zwischen den Albion Minen und den Hafenanlagen von Pictou eingesetzt.

sogenannten Autoport, wo für kanadische Händler importierte Autos gespritzt, repariert und umgerüstet werden. Dazu gehören Abstellflächen für 20'000 Autos.

Im Gegensatz dazu wird der Personenverkehr ziemlich stiefmütterlich behandelt, vor allem in den Provinzen am Atlantik; er überlebt eigentlich bloß als wunderliche Konzession an die Interessen der Öffentlichkeit.

Im Bahnhof von Halifax schloß ich mich der kurzen Schlange von Menschen an, die auf den «Ocean» warteten. Vor mir stand ein Riese von einem Mann mit einem flaumigen weißen Bart, Sankt Nikolaus nicht unähnlich; er trug eine schwarze Nylonjacke, auf deren Rücken in goldenen Lettern das Wort ZAUBERER zu lesen war. Ich fragte ihn, ob er wirklich ein Zauberer wäre, und in einem Tonfall, der mich deutlich merken ließ, daß er es überdrüssig war, immer und immer wieder die gleiche Frage zu beantworten, bestätigte er, er sei ein Zauberer.

«Genau genommen bin ich Illusionist», erklärte er. «Ich lasse Menschen in der Luft schweben, säge sie entzwei, und so weiter.» Ich nahm mir vor, ihn später in seinem Abteil aufzusuchen. Doch vorerst begab ich mich zu meinem Platz im Aussichtswagen, der in eine kleine Bar, ein Speiseabteil und eine erhöhte Aussichtskuppel eingeteilt ist. Die Bar ist das gesellschaftliche Nervenzentrum jedes kanadischen Zuges. Sie füllt sich zu Beginn einer Reise sehr rasch, vorzugsweise mit Männern, die mit bewundernswerter Ausdauer ein Bier nach dem andern trinken, bis sie ihr Ziel erreicht haben. Drei junge Männer hatten es sich in der Bar des «Ocean» bereits gemütlich gemacht, bevor der Zug überhaupt abfuhr. Es waren ein Rentierjäger auf dem Weg in die Wildnis, ein Bäcker, der seine Eltern besuchen wollte, und ein Sträfling, der nach einem offiziellen Urlaub wieder in seine Zelle in einer offenen Strafanstalt zurückkehrte.

Die Schmalspurbahn von Newfoundland in der Bay of Islands (ca. 1895).

Der Rentierjäger und der Bäcker schienen es als Ehre zu betrachten, mit einem Strafgefangenen zu trinken. Sie versuchten, ihn mit ihrer ungehobelten Art zu beeindrucken, und so sah sich der Barmann ab und zu veranlaßt, sie zu ermahnen, sich anständig zu benehmen. (Ermahnungen dieser Art sind in einem Zug keine Seltenheit. Sie passen zu den Schildern in den Toiletten der Waggons, die Spucken und Spielen ausdrücklich verbieten.) Der Sträfling benahm sich wesentlich höflicher als seine Reisegenossen; er strahlte jene gereifte Gelassenheit aus, die nur Gefängnis oder Krieg einem erst Neunzehnjährigen mitgeben kann. Er verbüßte seine zweijährige Haftstrafe wegen einer eher ungewöhnlichen Tat. Um es einem Freund zurückzuzahlen, der ihm Drogen gestohlen hatte, war er in dessen Haus eingedrungen und hatte beinahe das ganze Mobiliar zerstört. Seine größte Heldentat (deren Schilderung von nicht druckreifen, neidischen Ausrufen des Rentierjägers und des Bäckers unterbrochen wurde) bestand darin, eine großkalibrige Schrotflinte in den Fernsehapparat hinein leergeschossen zu haben. Seine Flucht vor der Polizei im Wagen seines Freundes endete in einem Graben, und später bekannte er sich des Hausfriedensbruchs, der Sachbeschädigung und des Entwendens eines Fahrzeugs zum Gebrauch schuldig. «So etwas tut man nur einmal in seinem Leben», schloß er. Und er bereute seine Tat nicht.

Es regnete, als er in Springhill ausstieg. Diese Kohlenstadt in Nova Scotia war einst wegen ihrer Grubenunglücke berüchtigt gewesen; die Bergwerke wurden später geschlossen, und das Gefängnis entstand hier, um am Ort wenigstens wieder ein paar Arbeitsplätze zu schaffen. Als der Zug weiterfuhr, lehnte sich der Sträfling an die Mauer des Bahnhofsgebäudes, zündete sich eine Zigarette an und wartete auf den Wagen, der ihn nach Hause in Zelle 17 bringen sollte.

Auf der Weiterfahrt nach Norden hörte der Regen auf. Wir überquerten die Grenze nach New Brunswick und kamen an den Tantramar-Sümpfen vorbei, wo Pontonschiffe inmitten von Gänsen und Krickenten wilden Reis droschen. Später fuhren wir an einem anderen Gefängnis vorbei, an der Sicherheitsanstalt Dorchester Penitentiary, einem ummauerten Gebäudekomplex auf einem Hügel. An dessen Fuß hatte 1913 ein Engländer aus Yorkshire ein merkwürdiges Haus mit neun Kaminen erbaut. Von diesem Haus und dem Gefängnis abgesehen, ist die Gegend menschenleer und öde. Auf der anderen Zugseite mäandert der Memramcook River. Bei Sonnenuntergang nahm er eine bläulich-violette Farbe an, und die mächtigen Schlammbänke, von den weit ins Landesinnere reichenden Gezeiten der Bay of Fundy geglättet und benetzt, glänzten im sterbenden Licht wie Zinn.

Gelegentlich fährt ein Zug im richtigen Augenblick am richtigen Ort vorbei, und der Reisende kommt dann in den Genuß außergewöhnlich schöner Anblicke . . . natürlich bei Sonnenuntergang. Nach Einbruch der Dunkelheit wendet sich das Leben im Zug nach innen, und die Reisenden können nur noch ihr Gegenüber betrachten.

Beim Abendessen begegnete ich wieder dem Zauberer. Vorher hatte er nicht über seinen Beruf sprechen wollen, aber als wir nun in der Bar saßen und auf einen freien Tisch warteten, zog er plötzlich ein blaues Tuch aus dem Ärmel. Er stopfte es gründlich in seine geschlossene Faust und ließ es dann verschwinden, ohne jedes Drum und Dran, als ob er mit dem Tuch wie mit einer Visitenkarte einfach seine Glaubwürdigkeit unter Beweis stellen wollte.

Wir bestellten beide Kalbfleisch, unser Tischnachbar, ein Mann aus der Papierbranche, Heilbutt. «Zauberer sind im Dutzend billiger», seufzte der Zauberer. «Du kannst sogar ein lausiger Zauberer sein und dennoch viel Erfolg haben. Es ist einfach ein Geschäft.» Er arbeite mit vier Assistentinnen und zwei Kollegen zusammen, und sie seien mit einem Bus auf Tournee durch Ontario. «Die Mädchen erledigen die ganze Arbeit. Ich sorge nur dafür, daß alles gut läuft. Du kannst jeden Trick auf der Welt machen, wenn du ihn dir leisten kannst. Tricks sind teuer. Ich habe letzthin einen Trick für 6000 Dollar gekauft; man läßt dabei Mädchen auf Besen schweben. Wenn du ihn kaufen und herausfinden würdest, wie er funktioniert, wärest du vollkommen verblüfft, wie einfach er ist.»

«Ich nehme an, es ist alles eine Frage des Materials», kommentierte der Mann aus der Papierbranche.

Ich habe nie herausbekommen, weshalb der Zauberer in Halifax war. Es sei eine Geschäftsreise gewesen, habe aber mit der Zauberei nichts zu tun gehabt. Auf sanftes Bohren reagierte er nicht, und noch weiter zu gehen, wäre unhöflich gewesen. Genau wie ein Stück Landschaft, das ohne zu bremsen am Fenster vorbeizieht und nicht genauer ins Auge gefaßt werden kann, ist auch ein Gespräch mit einem Reisenden, einem Fremden, den der Fahrplan des Zuges zufällig in deine Nähe gebracht hat: Es verbirgt oft mehr, als es offenbart.

In dieser Nacht würde der Zug mit dem Zauberer weiter in Richtung Norden fahren, ins Tiefland des Sankt-Lorenz-Stromes, und dann südwestlich nach Montreal. Ich aber hatte beschlossen, einen Umweg einzulegen, und mußte deshalb an der Grenze zur Provinz Quebec aussteigen. Ich wollte mit einem anderen Zug der felsigen Küste der Baie des Chaleurs entlang zur Spitze der Gaspé-Halbinsel vorstoßen. Von Dunkelheit umgeben, ratterte der «Ocean» über die Eisenbrücke, welche den Restigouche River überquert. Er bildet die Grenze zwischen New Brunswick und Quebec. Ich war der einzige Fahrgast, der den Zug in der kleinen Station am jenseitigen Ufer verließ.

Rechts: Fischer in Port aux Basques, Newfoundland. Kleine Fischerboote spielen immer noch eine wichtige wirtschaftliche Rolle für die Küstenorte am Atlantik.

Die Codroy Mountains im Südwesten von Newfoundland. Heftige Winde aus diesen Bergen haben schon ganze Waggons von den Schienen der Schmalspurbahn gefegt. Auf einer ganz besonders sturmgefährdeten Strecke in diesem Gebiet beschäftigte die Bahn einen menschlichen Windmesser, dessen Nase darüber entschied, ob die Passage für die Züge sicher war oder nicht.

Der Güterbahnhof bei den Ocean Terminals in Halifax, Nova Scotia, der bedeutendsten Endstation der Eisenbahn am Atlantik. Der ursprüngliche Bahnhof flog zusammen mit einem Teil der Dockanlagen in die Luft, als am 6. Dezember 1917 ein französisches Munitionsschiff mit einem norwegischen Schiff im Hafen kollidierte. Bei der Explosion kamen 1600 Menschen ums Leben.

Seite 28/29: Port aux Basques, Newfoundland. Im Hintergrund eine der Fähren, welche Newfoundland mit der Hafenstadt North Sydney, Nova Scotia, auf dem Festland verbinden.

Ein Schneepflug der CNR auf Newfoundland. In diesem öden Hochland im Norden der Insel, in den sogenannten Barrens, sind bis zu fünf Meter hohe Schneeverwehungen im tiefsten Winter keine Seltenheit, und schon öfter sind Züge über zwei Wochen lang in Schnee und Sturm steckengeblieben. Auch Karibus, die in Herden auf dieser Hochebene leben, haben die Züge schon behindert.

Ein langer Güterzug windet sich durch die Sumpflandschaft der Barrens auf Newfoundland. Seit Herbst 1984 wird der gesamte Personenverkehr auf der Insel durch Busse bewältigt. Der legendäre Newfie «Bullet», der die 881 km lange Strecke quer über die Insel einst in vierundzwanzig Stunden zurücklegte, machte seine letzte Fahrt am 3. Juli 1969.

Seite 32/33: Ein Eisenbahnarbeiter wechselt in Port aux Basques, Newfoundland, ein Drehgestell an einem Wagen aus. Güterwaggons, die per Fähre vom Festland herüberkommen, müssen von der Normal- auf die Schmalspur umgerüstet werden. Durch den zunehmenden Einsatz von Containern gelingt es der CNR, mehr und mehr auf diesen zeitraubenden Vorgang zu verzichten.

Diese Glasritzung in einem McDonald's Restaurant in Moncton, New Brunswick, erinnert an die Bedeutung der Stadt als Eisenbahn- und Transportknotenpunkt für die Provinzen am Atlantik.

Die Gepäckaufbewahrung in Moncton, New Brunswick.

Seite 36/37: Kanadas ältester Personenzug, der «Ocean», fährt auf seinem Weg von Montreal nach Halifax am Fort Beauséjour bei Sackville, New Brunswick, vorbei. Das Fort wurde 1755 von den Franzosen errichtet, aber noch im gleichen Jahr von den Engländern erobert.

VIA

Links: Ein Eisenbahnarbeiter in Halifax.

Ein junger Fahrgast auf einem der letzten gemischten Personen/Güterzüge von St. John's nach Carbonear, Newfoundland.

Seite 40/41: Auf schneller Fahrt durch das grüne Tal des Kennebecasis River zwischen Saint John und Moncton, New Brunswick.

Ein Güterzug berührt das Ufer des Sankt-Lorenz-Golfes an der windgepeitschten Westküste von Newfoundland.

Papierholz bei der Abitibi-Price Papiermühle in Grand Falls, Newfoundland. Die Fabrik wurde 1909 gebaut, um zwei englische Zeitschriftenverleger, Lord Northcliffe und Lord Rothermere, mit Zeitungspapier zu beliefern. Heute beschäftigt die Forstwirtschaft Kanadas mehr Arbeitnehmer als irgendein anderer Industriezweig.

Oben: Eine Satteltank-Lokomotive in Grand Falls, Newfoundland. Sie leistete einst Schwerarbeit in den Wäldern.

Links: Die «Samson», die älteste überlebende Lokomotive Kanadas, kann in New Glasgow, Nova Scotia, hinter Glas bewundert werden.

Oben: Ein Tagzug mit Wagen, die von der Budd Co. in Philadelphia gebaut wurden, im Bahnhof von Halifax.

Rechts: Für Unterhaltsarbeiten demontierte Räder im Güterbahnhof von Halifax.

Kräuter werden in Dorchester, New Brunswick, getrocknet.

Teeren eines Daches in Port aux Basques,
Newfoundland.

Links: Die «Reversing Falls», die «rückwärtsfließenden Wasserfälle», in Saint John, New Brunswick. Zweimal täglich zwingen die mächtigen Gezeiten der Bay of Fundy den St. John River, seine Richtung zu ändern. Bei Ebbe stürzt er über einen 4,5 m hohen Fall; bei steigender Flut gleichen sich die Wasserspiegel aus und der Fluß zieht ruhig seinen Lauf; bei Flut entstehen flußaufwärts gerichtete Schnellen.

Eine kombinierte Schwenk- und Schiebetür an einem Güterwaggon der CNR.

Oben: Heuwiesen entlang der Bahnlinie zwischen Sackville und Moncton, New Brunswick.

Links: Eine der engen Kurven der Schmalspurbahn auf Newfoundland.

Rechts: Ein Bremser bei seinem von Zuhause mitgebrachten Mittagsmahl auf dem gemischten Personen/Güterzug, der bis Sommer 1984 zwischen St. John's und Carbonear verkehrte. Seither werden keine Passagiere mehr befördert.

Seite 52/53: Der Memramcook River, der sich durch die Tantramar-Sümpfe in New Brunswick windet, verwandelt sich bei Ebbe in ein Schlammbett. Der Gezeitenhub der Bay of Fundy ist mit 16 m der höchste der Welt. Nährstoffe, die von den Gezeiten aus den Sümpfen herausgewaschen werden, machen diese Küstengewässer zu einem der reichsten Fischgründe im Atlantik.

Die Ocean Terminals im Hafen von Halifax, Nova Scotia. Hier werden unter anderem Kartoffeln, Pottasche, Papierholz und Gips verschifft; so treffen z.B. jeden Tag aus einem Steinbruch in Nova Scotia dreihundert Wagenladungen Gips im Hafen ein.

Jahrmarkt in Sussex, New Brunswick, von
einem Zug der CNR aus beobachtet.

DAS TIEFLAND DES SANKT-LORENZ-STROMES

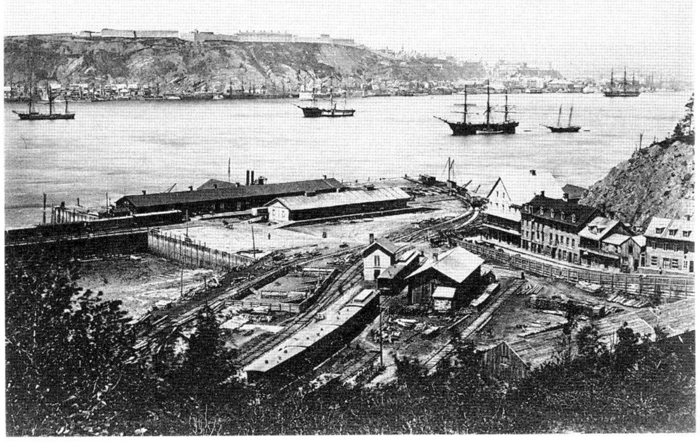

Oben: Quebec City; Blick auf den Rangierbahnhof von Lévis am Südufer des St. Lorenzstroms (ca. 1867).

Links: Vorortszug als Graphik (oder umgekehrt) in der Windsor Station in Montreal.

Der Saint Lawrence River zielt wie eine Pfeilspitze mitten ins Herz Nordamerikas. Er ist das Tor, durch welches die frühen Entdekker den Kontinent erobern konnten, und er öffnete den Weg nach Westen, den die CPR dreihundert Jahre später mit ihrem stählernen Band befestigte. Die Provinz Quebec, die den Sankt-Lorenz-Strom gleichsam umschließt, ist mit ihrer Fläche, die ungefähr derjenigen von Frankreich, Spanien und Westdeutschland zusammen entspricht, Kanadas größte Provinz. Ihre mehrheitlich französisch sprechende Bevölkerung ist eng mit dem Tiefland verbunden, das Jacques Cartier 1535 erforscht hatte.

Cartier hatte eigentlich gehofft, einen kürzeren Seeweg zu den Reichtümern des Orients zu finden. Stattdessen legte er den Grundstein zur Kolonie Neufrankreich. Und deren Pelzjäger, die auf ihren Streifzügen in Kanus weiter nach Westen bis jenseits der Großen Seen vordrangen, legten die Spuren, denen die Eisenbahnvermesser zwei Jahrhunderte danach folgten. Ironischerweise glaubten die Eisenbahnbauer des 19. Jahrhunderts immer noch an eine kürzere Verbindung zum Orient; sie hofften, eine transkontinentale Linie würde sich als gewinnträchtiger Transitweg für die Seide aus Japan erweisen.

Bevor Cartier den Sankt-Lorenz-Strom entdeckte, geriet er zufällig in die Bucht südlich der Gaspé-Halbinsel, welche die Mündung des Saint Lawrence River im Süden begrenzt. Die in die felsige Küste geschlagene sogenannte Chaleur-Linie gestattet es dem Eisenbahnreisenden heute, Cartiers Entdeckungsfahrt nachzuvollziehen. Während ihrer 30jährigen Bauzeit galt die Linie als «Eisenbahn ins Niemandsland», denn statt die Halbinsel zu umrunden, endete sie einfach in Gaspé, wo ein gigantischer Getreidespeicher dazu beitragen sollte, die Stadt zu einem bedeutenden Hafen zu entwickeln. Der Speicher wurde allerdings nie gebaut, und bevor die Eisenbahnlinie im Jahre 1912 eröffnet werden konnte, hatte sie eine Reihe politischer Skandale verursacht, die unter anderem zum Rücktritt des Regierungschefs der Provinz Quebec, Henri Bourassa, führten. Die Chaleur-Linie wurde zwar nie zu einer echten Güterader für die nach wie vor kärglich entwickelte Region, doch dient sie heute als beliebte Ausflugsstrecke für Touristen und als viel benützter Zubringer für die Bewohner der einsamen Küstenorte.

Die Chaleur-Linie zweigt in Matapedia von der «Ocean»-Route zwischen Halifax und Montreal ab. Matapedia ist ein kleines Dorf am Ende der Bucht der Gaspé-Halbinsel, auf der Quebecer Seite der Eisenbahnbrücke über den Restigouche River gelegen. Es besitzt einen reizvollen Bahnhof aus grauem Fachwerk mit roten Türen und gelben Giebeln. Ein paar Schritte jenseits des Gleises fand ich das einzige Hotel des Ortes, dessen Besitzer mich freundlich auf französisch begrüßte und mir fröhlich von seinen Problemen zu erzählen begann.

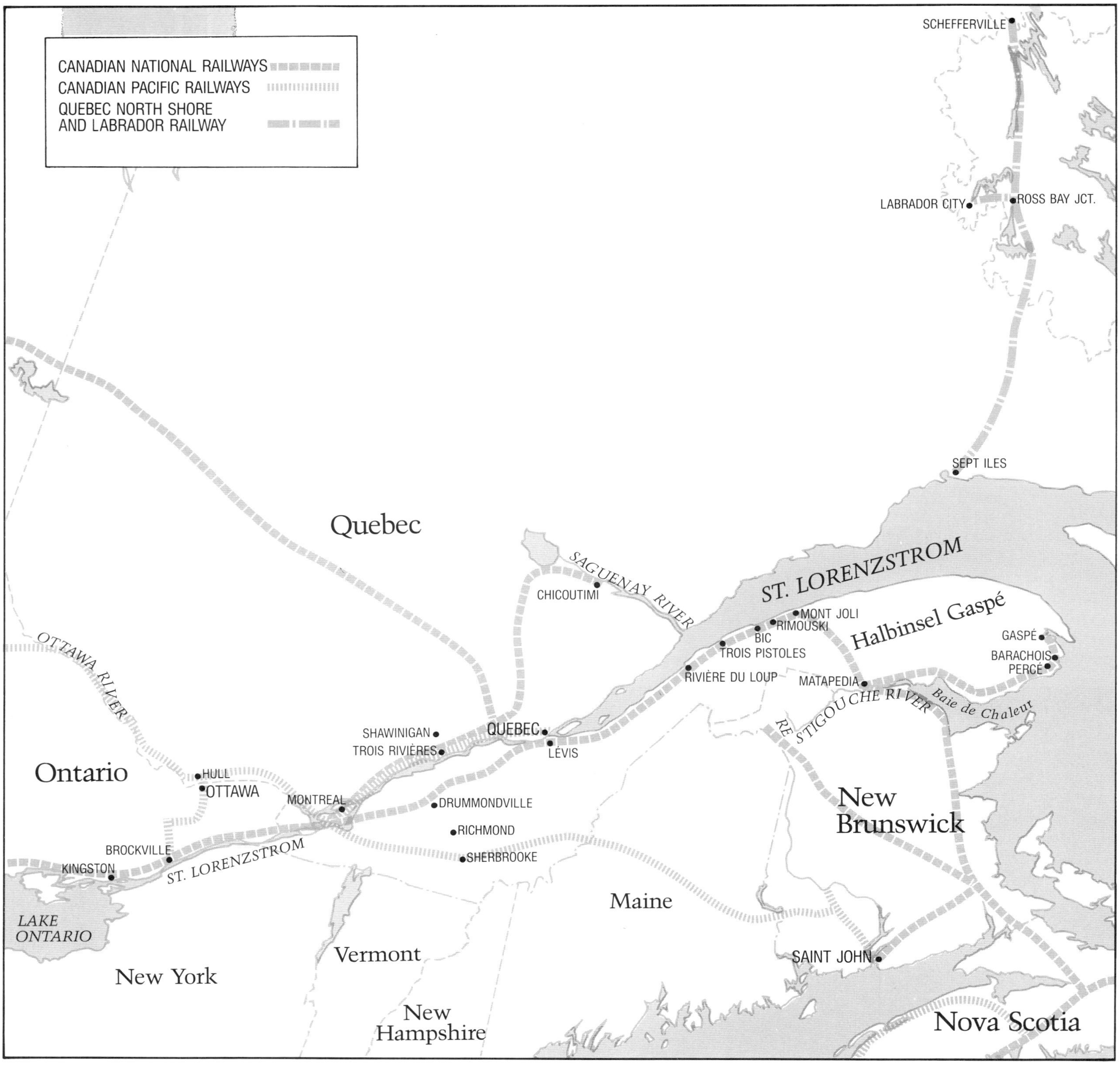

Die wichtigsten Gäste des Hotels Restigouche sind die Fischer. Der Restigouche River gilt als bester Lachsfluß auf der Atlantikseite Kanadas; er stellt aber das Hotel und den Ort auch vor gewaltige Schwierigkeiten. Während der Frühjahresschmelze türmen sich manchmal Eisschollen unter der Eisenbahnbrücke auf und bilden so einen Damm, der den Fluß staut und das Dorf unter Wasser setzt. Der Hotelier zeigte mir Bilder von Eisschollen, die an der Eingangstür vorbeitreiben, von einem Kanu, das über den Parkplatz gepaddelt wird, oder von der überfluteten Hotelhalle. Einmal baute sich der Eisdamm so massiv auf, daß er die Brücke um ganze 43 cm anhob. Seither sorgt die Eisenbahn in kritischen Zeiten für zusätzliche Belastung, indem sie 40 mit Granitblöcken gefüllte Waggons auf die Brücke stellt und sie nur bei Zugsdurchfahrten auf ein Nebengleis rangiert. Als ich das Hotel bei Tageslicht sah, bemerkte ich, daß es auf Pfählen stand.

redete ununterbrochen und schien entschlossen, etwas Leben in den leeren Barwaggon zu bringen; Emory hörte zu, auf seinem Gesicht den Ausdruck leiser Belustigung, manchmal von einem Schatten von Leid überflogen.

«Wenn unsere Familie sich nur an einen Tisch setzen könnte», begann Kirk, «um sich irgendwann ein einziges Mal über irgendetwas zu einigen, hätten wir das ganze Transportgeschäft auf Gaspé in der Hand. Und was gibt es denn hier schon außer diesem Geschäft.» Immer und immer wieder sang er das gleiche Klagelied und bestellte dabei das Bier schneller, als wir es trinken konnten, bis der Tisch unter den vollen Bierflaschen beinahe barst. Und zwischendrin sang er ein Loblied auf die Bäume der Halbinsel. «Sie mögen zwar klein sein, aber wir haben die beste Holz- und Papierindustrie weit und breit.» Es war klar, daß Kirk als Holzfäller Bäume fällte, er gab aber zu, mit dem Verkauf von illegalen Schlaglizenzen auf dem schwarzen Markt viel mehr Geld zu verdienen. Außerdem genoß er Wohlfahrtsunterstützung und handelte mit Drogen («Ich habe alles. Was willst du? Gras, Hasch, LSD? Ich habe sehr gutes LSD!»). So trügt eben der Schein. Der Inbegriff des kanadischen Holzfällers entpuppte sich als kleiner Gewohnheitsverbrecher. Kirk war schließlich so betrunken, daß er sich auf ein paar Stunden Schlaf auf seinem Platz freute, nur um dann wieder aufstehen und von neuem trinken zu können. Auch ich war froh, dem Gelage zu entkommen, stolperte in mein Abteil und schlief den Schlaf der Gerechten.

Die Dämmerung veranlaßte mich, die Store hochzuziehen und aus dem Fenster zu schauen. Sanftes Licht brach über die Felder des Sankt-Lorenz-Tieflandes herein. Der breite Fluß lag vollkommen ruhig, das Steilufer im Norden war als bläulich-violetter Schatten über dem Wasser erkennbar. Wiederum zogen sich schmale Ackerstreifen zu kleinen, weißen Bauernhäusern in Ufernähe hinunter. In größeren Abständen leuchteten die Turmspitzen kleiner Pfarrkirchen silbergrau im Morgenlicht und erinnerten an eine noch nicht allzu ferne Vergangenheit, als die katholische Kirche im ländlichen Quebec noch das Sagen hatte.

Gleisbau auf der Nebenlinie der Quebec and Lake St. John Railway nach La Tuque im Jahr 1907.

Der Zug raste durch das breite, hindernisfreie Tal Quebec City entgegen. Ich suchte den Strom nach Walen ab, allerdings ohne einen zu entdecken. Auf der Ile aux Basques, einer Insel vor dem Ort Trois Pistoles, wurden aus dem 16. Jahrhundert datierende Öfen zur Gewinnung von Walöl entdeckt und restauriert. Heute sind Wale im Sankt-Lorenz-Strom selten. Da lohnt es sich schon eher, nach Kirchtürmen Ausschau zu halten, vor allem bei Trois Pistoles, wo eine Kirche mit drei Turmspitzen dem Ortsnamen alle Ehre macht.

Nach der großen Einsamkeit auf der Gaspé-Halbinsel und im unteren Tal des Saint Lawrence River erscheint Quebec City am Nordufer wie eine gewaltige Metropole, obwohl sie nur knapp über eine halbe Million Einwohner hat. Vom Zug aus bietet die sich langsam entfaltende Skyline ein eindrückliches Erlebnis: von den Kaianlagen und den Getreidespeichern im Osten über die Basilika Notre-Dame bis zu den märchenhaft anmutenden Türmen von Château Frontenac, das über den alten Stadtbefestigungen aufragt. Das Gleis verläuft auf dem südlichen Flußufer, umfährt die Stadt Lévis und führt an gezeitengebundenen Schlammbänken vorbei, auf denen Seevögel ein kärgliches Frühstück zusammensuchen. Der Blick des Reisenden schweift über die Bastionen der Zitadelle und über die Klippen, welche General Wolfes Soldaten an einem frühen Morgen des Jahres 1759 erklommen hatten, um die französischen Verteidiger auf den Plains of Abraham zu überraschen und den Lauf der Geschichte Kanadas für alle Zeiten zu ändern.

Unterhalb der Klippen gleitet ein langer, schwarzer Tanker schnittig durch das ruhige, blaue Wasser. Weiter stromaufwärts, gegenüber der Vorstadt Sainte-Foy, erhaschen wir einen Blick auf die 987 m lange Quebec Bridge. Ihr Hauptbogen, der den Fluß in 46 m Höhe überspannt, ist der längste der Welt und konnte nach einer Serie tragischer Ereignisse erst 1917 vollendet werden. Die Bauarbeiten an einer ersten Konstruktion wurden 1907 in Angriff genommen; als sich eine Lokomotive und ein mit Stahlgewichten beladener Kran auf dem südlichen Aus-

Einpassen des mittleren Bogens der Quebec Bridge im Jahr 1916. Bei darauffolgenden Einsturz kamen zehn Arbeiter ums Leben.

Die Quebec Bridge kurz nach dem Einsturz des mittleren Bogens am 11. September 1916. Die am weitesten gespannte Auslegerbrücke der Welt konnte schließlich am 3. Dezember 1917 dem Verkehr übergeben werden.

leger befanden, brach die ganze Brücke ein und riß 75 Arbeiter in den Tod. Erst 1910 wagte man sich erneut an die große Aufgabe heran; die zweite Brücke sollte viel stärker und doppelt so schwer wie die alte werden. Am 11. September 1916 versammelte sich eine große Menschenmenge, um zuzuschauen, wie der Mittelteil der Brücke eingepaßt wurde. Aber als Kräne die ganze Konstruktion in die Höhe hoben, barst ein kreuzförmiges Gußteil und riß die südwestliche Ecke des Bogens los. Ein Augenzeuge beschrieb, was dann geschah: «Der Mittelteil der Brücke begann sich zu biegen und zu drehen. Knirschend und kreischend gab das andere Ende nach. Die ganze Konstruktion legte sich, wie von Schmerzen gekrümmt, zur Seite, überschlug sich und donnerte in einer gewaltigen Gischtwolke ins Wasser... Menschen wurden wie Birnen von einem Baum geschüttelt und fielen in den Fluß. Ein Mann stürzte wie eine Puppe aus großer Höhe ab.» Zehn Menschen kamen bei dieser Katastrophe ums Leben. Ein Jahr später konnte dann ohne Zwischenfall ein neuer Mittelteil eingesetzt werden, und am 17. Oktober 1917 fuhr der erste Zug über die Brücke.

Westlich von Quebec führt die Hauptlinie vom Fluß weg und schneidet mitten durch die Eastern Townships (Cantons de l'Est), einen flachen Hügelzug, der sich zwischen dem Saint Lawrence River und der Grenze zu den USA ausdehnt. Die kleinen, malerischen Bauernhöfe weichen riesigen milchwirtschaftlichen Betrieben mit haufenförmig angeordneten Wohnhäusern, Ställen und Silos. Schwarz-weiß gefleckte Kühe grasen, als ob ihre Mäuler am Boden festgebunden wären. Die Landschaft wird zu einer Reihe von naiven Gemälden, zu zweidimensionalen, vom Zugfenster eingerahmten Stilleben. Da die Leute sich umdrehen, um dem Zug nachzuschauen, richten sich ihre Blicke unverwandt auf das Fenster, und abgesehen von ein paar winkenden Kinderhänden scheint sich überhaupt nichts zu bewegen.

In der Nähe von Montreal wird die gefällige Monotonie der Ebenen durch eine Anzahl kleiner Berge unterbrochen, die einzeln aus dem flachen Gelände aufragen. Unter ihnen befinden sich acht ehemalige Vulkankegel, die vor 120 Millionen Jahren aus einem Meer auftauchten, das die ganze Region bedeckte. Übriggeblieben sind nur der Lake Champlain, ein langer, schmaler See an der amerikanisch-kanadischen Grenze, und acht stark abgetragene, kleine Berge. Der berühmteste von ihnen ist der Mount Royal im Zentrum von Montreal.

Über den Sankt-Lorenz-Seeweg hinweg trägt die Victoria Bridge den Zug zur eigentlichen Ile de Montréal. Die heutige Brücke ist eine doppelspurige, offene Trägerkonstruktion, die 1898 auf Kalksteinpfeilern errichtet wurde. Die erste Victoria Bridge, eine 2,7 km lange einspurige und geschlossene Röhrenkonstruktion, galt bei ihrer Eröffnung im Jahr 1859 als achtes Weltwunder. In den frühen achtziger Jahren des vergangenen Jahrhunderts machte die Montreal Ice Railway im Winter den anderen Bahnen Konkurrenz; ihre kleinen Züge überquerten den Fluß auf Schienen, deren Schwellen jeweils auf steinernen Jochen ins Eis eingebettet wurden.

Keine andere Stadt in Kanada heißt den Zugreisenden auf so spektakuläre Weise willkommen wie Montreal. Von der Brücke aus erhascht er einen Blick auf die künstliche Insel, wo die verschiedenen Pavillons und vor allem die geodätische Kuppel des amerikanischen Ingenieurs Richard Buckminster Fuller seit der Weltausstellung 1967 an eine verblaßte visionäre Vergangenheit erinnern. Weiter stromabwärts erblickt er die elegante, nach Jacques Cartier benannte Auslegerbrücke mit den zwei Türmen; von ihrem Geländer pflegten sich selbstmörderische Dichter in die Tiefe zu stürzen, als derart aussagekräftige Taten noch *en vogue* waren. Die Skyline selbst ist ein exzentrisches Vermächtnis des unternehmerischen Booms in den 50er und 60er Jahren. Zu den eher bizarreren Sehenswürdigkeiten gehören das Wirrwarr der Adobe-Wohnbauten am Flußufer, der weiße Wolkenkratzerkomplex in Form eines Kreuzes an der Place Ville-Marie und das Hotel Château Champlain der CP. Es ist nur eines von mehreren neuen Châteaus der CP, die mit einem Château, einem Schloß also, nicht das Geringste zu tun haben, und wie es der Zufall so will, steht es ausgerechnet neben den prachtvollen Steinmauern der CP Windsor Station, die 1889 erbaut wurde und *wirklich* wie ein Schloß aussieht. Die Windsor Station dient heute nur noch dem Lokalverkehr. Die Hauptlinien treffen sich zwei Häuserblocks weiter unter der riesigen Central Station, welche das Erdgeschoß des CN-Hotels Reine Elizabeth bildet.

Mit den Hauptsitzen der CN, der CP und der neugegründeten VIA Rail ist Montreal die eigentliche und traditionelle Eisenbahnhauptstadt des Landes. Hier tritt der «Canadian» seine 5000-Kilometer-Fahrt nach Vancouver an. Ich hatte allerdings beschlossen, die erste Etappe dieser Reise in einem der Schnellzüge zurückzulegen, die in ziemlich dichter Folge dieselbe Route befahren. Der intensive Pendelverkehr zwischen den beiden größten Städten Kanadas ist schon immer als Index für das Maß ihrer Rivalität herangezogen worden. Die Einwohner von Toronto lockt der lateinische Zauber der Straßen und Nachtklubs in Montreal. Die Einwohner von Montreal ihrerseits fahren in die saubere, konservative Stadt Toronto, um ihren Geschäften nachzugehen oder ein paar ruhige Tage oder Stunden mit der Familie oder mit Freunden zu verbringen. So wenigstens will es die Legende.

Bei der Ausfahrt aus Montreal schlängelt sich der Zug durch die weniger präsentablen Viertel der Stadt. An häßliche Reihenhäuser lehnen sich baufällige Schuppen, in denen feuergefährliches Heizöl gelagert wird; fensterlose Fabriken aus Ziegelsteinen sind vom Ruß der Industrierevolution gekennzeichnet. Dieser Anblick bildet einen markanten Gegensatz zur modernen, ehrgeizigen Skyline, die den Reisenden bei seiner Ankunft aus Osten empfängt. In Richtung Toronto überqueren wir den Ottawa River und die Grenze nach Ontario; immer noch folgt die Eisenbahn dem Saint Lawrence River, bis er – 3058 km von seiner Mündung entfernt – in den ersten der Großen Seen mündet.

Auf Fischfang am Fuß eines Regenbogens – ein Blick von der Chaleur-Linie, die der Gaspé-Halbinsel in der Provinz Quebec entlangführt.

Der Bahnhof von Matapedia, Quebec.

Improvisierte Unterkunft in Matapedia.

Seite 68/69: Im Tal des Matapedia River. Der Matapedia und der Restigouche River, die beide in die Baie des Chaleurs münden, zählen zu den besten Lachsflüssen Nordamerikas.

Eine Stahlfachwerkbrücke auf dem Weg nach Gaspé.

Die doppelspurige Victoria Bridge in Montreal, eine Stahlfachwerkbrücke mit tiefliegender Fahrbahn.

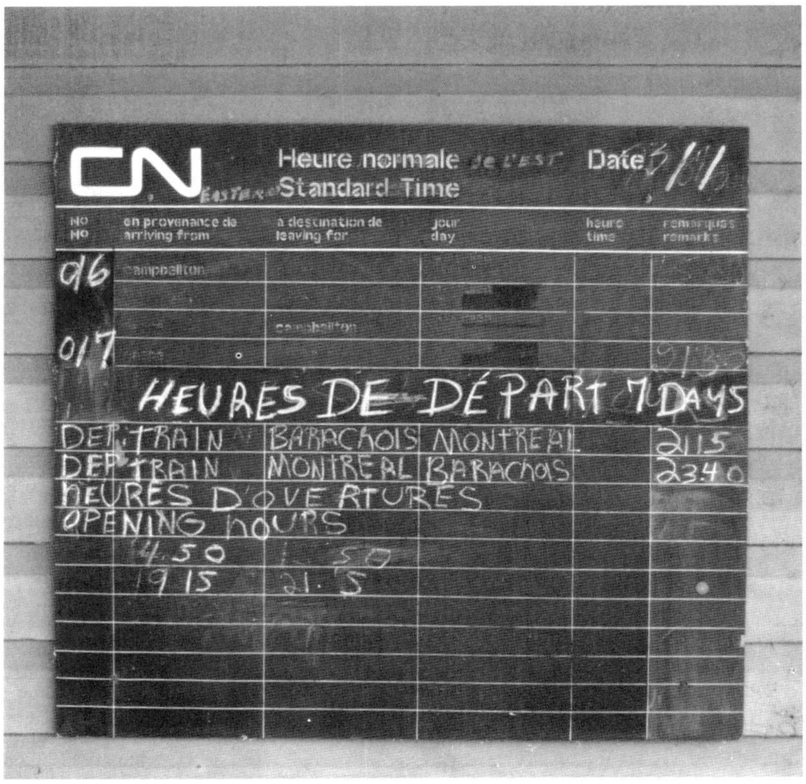

Fahrplan im Bahnhof von Barachois an der Küste der Gaspé-Halbinsel.

Reisende besteigen den Zug der Chaleur-Linie in Matapedia.

Links: Ausgangspunkt der Chaleur-Linie, der «Eisenbahn ins Niemandsland», auf der Gaspé-Halbinsel.

Links: Auf der Brücke über den Rivière du Loup. Im Hintergrund der Sankt-Lorenzstrom.

Bootshafen und Endstation der Eisenbahn in der Hafenstadt Gaspé.

Schmale Landstreifen in der Nähe von Lévis. Diese sog. strip farms in der Provinz Quebec – ein vom feudalherrschaftlichen Frankreich übernommenes Erbe – sind einzigartig in Nordamerika. Die Felder ziehen sich senkrecht zur Straße, an der die Bauernhäuser liegen, tief ins Land hinein.

Blick von New Brunswick her über die Baie des Chaleurs auf die Küste der Gaspé-Halbinsel, die zur Provinz Quebec gehört.

Oben: Am späten Nachmittag wirft die Sonne lange Schatten, als der «Chaleur» eine Brücke wenige Kilometer vor der Hafenstadt Gaspé überquert.

Rechts: Vorortszug in der Windsor Station von Montreal.

900
CTCUM

Dieser spezielle, im Jahr 1929 gebaute Geschäftsreisewagen, der vor kurzem renoviert wurde, wiegt über 100 Tonnen und ist 24,5 Meter lang. Er stammt aus den Angus-Werken in Montreal und trägt das typische, toskanischrote Kleid der Canadian Pacific.

Eine 24-Stunden-Uhr umrahmt vom königlichen Wappen in der Windsor Station in Montreal. Die 24-Stunden-Zeit ist eines der Merkmale, das die kanadischen von den amerikanischen Eisenbahnen unterscheidet. 1911 hatten alle kanadischen Eisenbahnen intern dieses System übernommen. 1968 wurden auch die Fahrpläne entsprechend angepaßt. In der Provinz Quebec halten sich auch viele Kinos, Theater, Geschäfte und Verwaltungsstellen an die 24-Stunden-Zeit.

Zwei Ansichten eines Tunnels auf der Chaleur-Linie.

Ein Schnellimbiß-Bus in Rivière du Loup.

Das Nachzählen und Kontrollieren der Fahrscheine braucht Zeit. Jeder Goldstreifen auf dem Ärmel des Zugführers bedeutet fünf Dienstjahre bei der Eisenbahn.

Seite 84/85: Ein Güterzug der CN auf einer Brücke in der Nähe von Bic, Quebec.

CN
CANADIAN NATIONAL
CN

Das östliche Ende der Victoria Bridge in Montreal in der Abenddämmerung. Die Verkehrssignale gehören zur Straße, die parallel zu den Gleisen verläuft. Mit 2009 m ist die Victoria Bridge die längste Eisenbahnbrücke Kanadas. Die erste Brücke aus dem Jahr 1858 war eine einspurige Röhrenkonstruktion. Sie wurde 1898 durch eine doppelspurige Schweißeisenbrücke auf den alten Kalksteinpfeilern ersetzt. Seit damals wurde sie verschiedentlich umgebaut, insbesondere im Zusammenhang mit dem 1959 eröffneten Sankt-Lorenz-Seeweg.

Rechts: Als in der Windsor Station der CPR noch geschäftiges Treiben herrschte, war der «Engel» ein beliebter Treffpunkt. Diese Bronzestatue erinnert an die Angestellten der Canadian Pacific, die im Ersten Weltkrieg ums Leben kamen; Kopien davon stehen in Winnipeg und Vancouver. Der 1889 erbaute Bahnhof ist eine wahre Steinfestung, deren massive Außenmauern einen überraschenden Kontrast zur lichten Halle bilden – ein säulenfreier, offener Raum mit einer gewölbten, selbsttragenden Decke.

4406
4406
CN

DIE GROSSEN SEEN

Oben: Die Union Station in Toronto (ca. 1875). Der erste Bahnhof aus den 1850er Jahren wurde 1873 durch den abgebildeten und dieser 1927 durch den heutigen Bahnhof ersetzt.

Links: Der Getreide-Terminal in Thunder Bay, Ontario. Zwischen den Schienen sprießt junger Weizen aus verlorenen Getreidekörnern. Manchmal weiden hier Hirsche. Über die Fachwerkbrücke werden die Getreidewaggons zu einem Dock geführt, wo ihre Fracht direkt auf Schiffe umgeladen wird.

Ontario nimmt in mancher Beziehung eine ungewöhnlich bevorzugte Stellung ein. Es ist nicht nur die blühendste und bevölkerungsreichste Provinz Kanadas, sondern verfügt zudem mit den Großen Seen an und innerhalb seiner Grenzen über das mächtigste Frischwasserreservoir der ganzen Welt. Wer mit der Eisenbahn nach Ontario einreist und zwei Tage später nach ununterbrochener Fahrt wieder aufwacht, befindet sich zu seinem Erstaunen immer noch in Ontario. Diese Provinz besitzt mehr Eisenbahnkilometer als jede andere in Kanada. Während der ersten Blütezeit der Eisenbahn wurden nicht weniger als drei Hauptlinien durch die Wälder, Felsen und Moore des äußerst gewässerreichen Nordteils vorangetrieben. Dennoch sind weite Teile der Provinz heute noch ebenso dünn besiedelt wie vor hundert Jahren, als die CPR ihre erste Linie durch die Steilküste am Oberen See sprengte. Ontarios städtische Bevölkerung konzentriert sich in alter Tradition im südlichen Teil der Provinz. Und der Eisenbahnkorridor, der Quebec mit den südlichen Städten Ontarios, mit Ottawa, Kingston, Toronto, London, Windsor und Sarnia verbindet, weist die größte Personenfrequenz im ganzen Land auf.

Auf der Strecke Quebec–Windsor verkehren üblicherweise LRC-Kompositionen (für: Light, Rapid and Comfortable; leicht, schnell und bequem). Diese in Montreal gebauten und seit 1981 eingesetzten Züge bestehen aus eleganten Diesellokomotiven und dazu passenden Waggons mit Flugzeugbestuhlung. Obwohl es sich angesichts des übrigen, immer älter und schäbiger werdenden Rollmaterials um die einzigen neuen Kompositionen handelt, hat sich der LRC die Verachtung aller Eisenbahner zugezogen, weil er chronisch unter mechanischen Problemen leidet. Auch ich habe eine Abneigung gegen ihn entwickelt, allerdings nicht aufgrund irgendwelcher technischer Unzulänglichkeiten, sondern weil es ihm an etwas fehlt, das keinem guten Zug fehlen darf: an der Bar. Stattdessen patrouilliert ein Zugskellner mit einem Wägelchen durch die Gänge und bietet Getränke an; diese Einrichtung wird als «persönliche Dienstleistung» angepriesen, ist aber im Grunde genommen nur ein weiteres Element der Flugzeug-Unkultur, das einen dazu verurteilt, auch im Zug auf seinem Platz hocken bleiben zu müssen. Zu den Vorzügen, welche ein Zug zu bieten hat, gehört doch die Möglichkeit, fremden Mitreisenden in geselliger Umgebung etwas näher zu kommen. Da ich die Strecke Montreal–Toronto unzählige Male zurückgelegt habe, kann ich wohl bezeugen, daß diese fünfstündige Fahrt einst den idealen zeitlichen Rahmen lieferte, eine Barbekanntschaft heranreifen zu lassen.

Auf dieser Strecke wurden schon alle möglichen Tricks versucht. Der kühnste dürfte der Bistro Car gewesen sein, ein Waggon, der im Stil der neunziger Jahre eingerichtet war; selbst der Pianist samt Honky-

Tonky-Klavier fehlte nicht. Der Bistro Car wurde 1968 erstmals eingesetzt und erlangte sofort große Beliebtheit, für die gesetzte Provinz Ontario vielleicht sogar eine etwas zu große Beliebtheit, denn er wurde nur ein paar Jahre später wieder aus dem Verkehr gezogen. Von 1969 bis 1982 experimentierte die Eisenbahn mit dem Turbo Train, einem stromlinienförmigen, von Flugzeugmotoren angetriebenen Schnellzug. Der Turbo stellte eine reizvolle, aber eher unsolide Ehe von moderner Technik und Sozialplanung dar; das tollste an ihm war eine Bar oben auf einem Aussichtsdeck, das eigentlich eine Fortsetzung des Führerstandes war. Mit einem Glas in der Hand konnten die Reisenden durch eine gläserne Trennwand der Zugbesatzung bei ihrer Arbeit zuschauen. Aber der Turbo war im Unterhalt viel zu kompliziert, und die Pannen traten so häufig auf, daß er oft nicht schneller war als der althergebrachte Rapido mit seinem Dieselantrieb. Der Turbo wurde in Montreal eingemottet und wartet – laut letzten Meldungen – immer noch auf einen Käufer.

Der erste Zug, der im Jahr 1856 die Strecke Montreal–Toronto befuhr, bestand aus einer holzgefeuerten Lokomotive, drei hölzernen Waggons und einem Gepäckwagen. Mit 64 Halten benötigte er für den 538 km langen Abschnitt der damaligen Grand Trunk Railway fünfzehn Stunden. Als ich nun im LRC über die fast langweilig geraden, verschweißten Schienen zwischen dem Lake Ontario und dem Macdonald-Cartier Freeway Toronto entgegenbrauste, fiel es mir schwer, mir diese bescheidenen Anfänge auch nur vorzustellen. Zu den interessanteren Anblicken zählen heute die riesigen Werke von General Motors in Oshawa – im vergangenen Jahrhundert die größte Kutschenmanufaktur im gesamten Britischen Reich – und das Pickering-Elektrizitätswerk, das zweitgrößte Kernkraftwerk der Welt. Im industriellen Herzland Kanadas verwischt die Geschichte ihre Spuren unwiederbringlich.

Mit ungewohnter Pünktlichkeit fuhr der LRC in Toronto ein. Obwohl die Union Station verhältnismäßig jung ist – Baujahr 1927 –, erinnert sie an das goldene Zeitalter der Eisenbahnen in Kanada. Auf den Mauern, die das mächtige Gewölbe ihrer Halle tragen, sind die Namen der Stationen wie Listen der römischen Imperatoren in Stein gehauen, und der Eindruck klassischer Erhabenheit, den die weitgeschwungenen Bogen vermitteln, wird nur durch den Anblick der Decken mit ihren langweiligen Ziegelsteinmosaiken getrübt. Das ältere, graue Gebäude neben dem Bahnhof, das Royal York Hotel der CP, hat dem Angriff von Stahl und Glas bis heute mit Erfolg getrotzt. Es gleicht in seinem Stil weniger einem Schloß als vielmehr einer Hochzeitstorte und war einst der Stolz von Torontos Skyline. Heute wirkt es allerdings zwergenhaft im Vergleich zu den Wolkenkratzern, welche die Sonnenstrahlen in Schwarz, Silber und Gold reflektieren.

Als ich zum Bahnhof zurückkehrte, um den «Canadian» zu besteigen, war die Halle beinahe ausgestorben. Der Zug fuhr pünktlich eine Minute vor Mitternacht ab, und ich nahm meinen Platz unter der verdunkelten Plexiglaskuppel eines der beiden Aussichtswaggons ein. Bei der Ausfahrt glitten langsam die Mauern des soeben eröffenten «Hôtel» vorbei. Es ist das neuste Eisenbahnhotel in Kanada und erinnert mit seinem italienischen Marmor, den Wandverkleidungen aus Kirschenholz und den Kristallüstern an eine längst vergangene Zeit, als die Eisenbahnen noch im Luxus schwelgten. Aber eben: obwohl es unmittelbar neben dem Bahnhof steht und den CN gehört, würde man wohl kaum einen ihrer betuchten Manager dabei erwischen, wie er einen Zug besteigt. Selbst Eisenbahndirektoren ziehen halt heute das Flugzeug vor.

Auf das «Hôtel» folgte ein anderes Monument, welches den schlüssigen Beweis dafür liefert, daß auch die Eisenbahnen ins Zeitalter der Raumfahrt eingetreten sind: der CN-Tower, mit 553 m das höchste freistehende Gebäude der Welt. Dieser Betonstachel ist Torontos zur Wirklichkeit gewordener Traum, das unwiderlegbare Wahrzeichen dieser Drei-Millionen-Metropole, die darauf stolz ist, Kanadas größte Stadt, das finanzielle Nervenzentrum und der Kern des industriellen Herzlandes zu sein... die Stadt, die im übrigen Land so liebend gern gehaßt wird.

Wenn Kanada seinerzeit um eine Eisenbahn herum entstanden ist und sich die Maske einer Nation aufgesetzt hat, so ist Toronto heute der

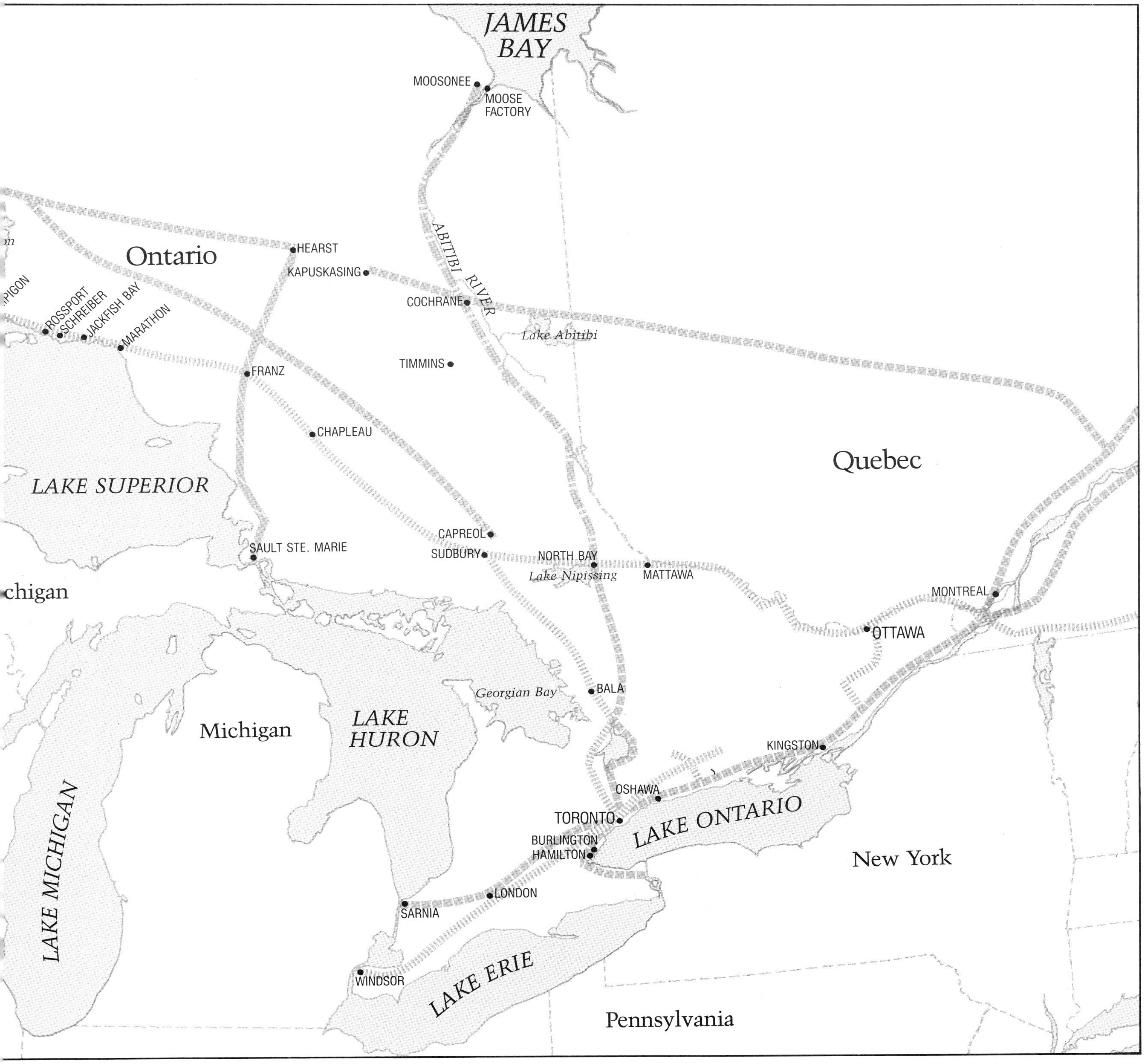

Ort, wo der nationale Traum die neuesten Modelle für seine Maskerade findet. Die Eisenbahn war Kanadas ursprüngliches Medium, und Toronto ist durch und durch eine Stadt der Medien, ein Ort, in welchem die modernste Technologie herrscht und die Straßen so sauber und wohlgeordnet sind wie eine gedruckte Schaltung. Der CN Communications Tower steht als reines Symbol dafür. Toronto ist die Stadt, in der Herbert Marshall McLuhan groß geworden ist, der Kommunikationswissenschaftler, der die Erde als «weltumfassendes Dorf» bezeichnet und erklärt hat: «Das Medium ist die Botschaft». Toronto ist auch der Hauptsitz der Canadian Broadcasting Corporation, jenes Sendernetzes, das gemeinsam mit der Eisenbahn den Kredit dafür beanspruchen darf, dieses auf schwachen Beinen stehende Gebilde namens Kanada zusammengekittet zu haben. Die CBC ist in der Tat ein «Kind» der Eisenbahn. Die CNR richteten die ersten Radiosender des Landes ein, um ihre Eisenbahnreisenden zu unterhalten, die den Programmen über Kopfhörer lauschten. Nach und nach begannen die Leute, auch ihre Radios zu Hause auf diese «Eisenbahn-Stationen» einzustellen, und zu Beginn der dreißiger Jahre wurde dann die CBC gegründet, um das ganze Netz zu übernehmen. Der Versuch, Kanada mit Hilfe von Ätherwellen zusammenzuhalten, ist vielleicht ebenso sinnlos wie der Versuch, das Land mit stählernen Strängen zusammenzuschmieden. Aber das ist nun einmal der Optimismus, wie er in Toronto leibt und lebt.

Während der Zug die Stadt in Richtung Norden verließ, bemühte ich mich, mit zusammengekniffenen Augen in der Dunkelheit einige Straßen zu erkennen. Ich hatte einen großen Teil meines Lebens hier verbracht, doch in der ungewohnten Perspektive vom Zug aus erschien mir alles fremd, und ich war schon bald verloren. Irgendwo inmitten dieser endlosen Vororte zog ich mich in mein Schlafwagenabteil zurück. Es war demjenigen in Quebec sehr ähnlich, nur war das Waschbecken aus rostfreiem Stahl und ließ sich zum Entleeren in die Wand versenken. Der Gepäckträger hatte mich gewarnt, es könne Probleme mit der Heizung und mit den Installationen im Wagen geben. «Aber wenn Sie bedenken, daß diese Waggons über dreißig Jahre alt sind, dann sind sie doch noch ganz ordentlich in Schuß», meinte er. Die kanadischen Eisenbahnen sind die einzigen mit Rang und Namen, die ihre Personenzüge noch mit Dampf beheizen. Immerhin versicherte mir der Mann: «Ich habe noch nie gehört, daß ein Fahrgast erfroren oder erstickt ist.» Dennoch fiel die Heizung in meinem Abteil mitten in der Nacht aus, und so litt ich Anfang November unter einer nicht eben der Jahreszeit gemäßen Kälte.

Ich erwachte bei Tagesanbruch und zog das Rouleau hoch. Mein Blick fiel auf eine felsige Mondlandschaft. Wir befanden uns in den Außenbezirken von Sudbury. Hier übten sich früher die amerikanischen Astronauten in der Kunst, mit dem Gelände auf dem Mond zurechtzukommen. Die ersten Sonnenstrahlen fielen auf ein Bauwerk, das neben dem CN-Tower in sämtlichen Rekordbüchern verzeichnet ist, nämlich auf den höchsten Industrieschornstein der Welt. Er ragt über die gewaltigen Schmelzöfen der «Inco», unmittelbar neben den umfangreichsten Nickelvorkommen der Welt empor.

Mineure sprengen die Trasse durch präkambrisches Gestein frei. Bei Bala, Ontario, im August 1916.

Wie so viele andere Orte entlang der Eisenbahn verdankt auch Sudbury seine Entstehung einem Zufall, an dem die CPR nicht ganz unschuldig war. Die Linie sollte eigentlich weiter südlich verlaufen, doch der Vermessungsingenieur wich eigenmächtig nach Norden ab. Noch während der Bauzeit wurden ein paar Angestellte der CPR, die zufällig auf Kupfer stießen, zu Millionären. (Nickel galt damals als wertlos.) Bevor sich Sudbury zur heutigen «Inco»-Stadt entwickelte, war sie fest in den Händen der CPR. Und so war es Charles Francis Crean, eben einem Angestellten der CPR, vorbehalten, eines schönen Tages im Jahr 1883 im Materiallager der Eisenbahn einen gelben Stein zu entdecken, der als Briefbeschwerer diente. Er ließ ihn untersuchen, und das Ergebnis lautete: hochgradig kupferhaltig. Daraufhin steckte sich Crean einen Claim ab, der ihn zum reichen Mann machen sollte.

Sudbury war der letzte größere Außenposten der Zivilisation, bevor wir uns 800 km weiter der Thunder Bay näherten. Dazwischen lagen nur ein paar kleine Orte, die vom Holzfällen, von der Holz- und Papierindustrie, vom Fischen und Jagen leben. Ich hatte angenommen, die Landschaft würde sich im November, der in Toronto eine einzige Sinfonie in Grau ist, sehr langweilig präsentieren. Doch hier im nördlichen Buschland stand der Einzug des Winters unmittelbar bevor. Die meisten Seen und Flüsse waren noch nicht zugefroren, und der über den Wäldern ausgebreitete, im Sonnenlicht gleißende Mantel von Neuschnee ließ das Wasser tiefblau erscheinen. Junges, von Strahlenstrukturen durchzogenes Eis begann kleinere Gewässer wie mit einem Schleier zu überziehen. Seen in verschiedenen Phasen zunehmender Vereisung glitten wie in einem Trickfilm am Fenster vorbei; man glaubte förmlich zu sehen, wie das Wasser fror.

Der Aussichtswaggon am Ende des Zuges bot genügend Platz. Im Sommer herrscht jeweils ein unglaubliches Gedränge, in der kalten Jahreszeit gehen aber nur wenige Leute auf Reisen. Da waren ein paar Kalifornier, unter ihnen eine vierköpfige Familie, die im Osten der USA Verwandte besucht hatte, und ein Immobilienhändler auf der zweiten Hälfte eines Eisenbahnurlaubs durch den ganzen Kontinent. Da sie alle das Land schon von Westen nach Osten im Zug durchquert hatten, waren sie von ihren Erlebnissen begeistert und strahlten jene heitere Ruhe aus, die nur eine lange Reise in einem Zug verleihen kann. Dann war da

Eingeborene und Vermesser beim Handelsposten der Hudson's Bay Company, wo später die Stadt Chapleau, Ontario, entstehen sollte (ca. 1884).

Der Pacific Express der CPR Montreal–Vancouver auf dem Horseshoe Fachwerk-Viadukt bei Schreiber am Nordufer des Lake Superior im Jahr 1886. In den 90er Jahren wurden viele Holzbrücken, darunter auch diese hier, durch Erddämme ersetzt.

noch ein Engländer, der sich auf Weltreise befand. Er war ein merkwürdiger Kauz. Ununterbrochen beklagte er sich darüber, daß es nichts zu sehen gäbe. Er sei nun seit Halifax im Zug unterwegs, und der Bäume sei er schon irgendwo in New Brunswick überdrüssig geworden. «Warum hauen die nicht einfach ein paar Bäume um, damit wir etwas sehen können?» fragte er mich, und ich versicherte ihm, es gäbe überhaupt nichts mehr zu sehen, wenn auch die Bäume nicht mehr da wären. Und schließlich war da noch eine junge Französin, die aufgeregt im Waggon hin und her hüpfte, um Seen zu photographieren. Sie war wild entschlossen, keinen einzigen zu verpassen; doch in diesem Teil von Ontario gibt es so viele Seen, daß nach einer knappen halben Stunde bereits ihre dritte Filmrolle zu Ende war.

Der wechselweise Rhythmus von Bäumen und Seen wird plötzlich von etwas unterbrochen, das einem Meer gleicht. Es ist der Lake Superior, der Obere See. Auf den nächsten 300 km folgt die Eisenbahn seinem Ufer, schlängelt sich durch Tunnel und über Felsbänder, die aus Milliarden Jahre altem Granitgestein herausgesprengt worden sind. Der Bau der Linie am Oberen See bedeutete eine echte Herkulesarbeit. Im Jahr 1884 hatte die CPR zwischen Thunder Bay und dem Lake Nipissing rund 15'000 Männer und 4'000 Pferde im Einsatz. Und im Winter kamen noch 300 Hundegespanne dazu. Die Männer benötigten zwölf Tonnen Lebensmittel im Tag und vier Tonnen Tabak im Monat. Um den Bahnkörper für das Gleis vorzubereiten, mußten sie tiefe Wunden ins präkambrische Gestein sprengen und endlos tiefe Moore auffüllen. Sandford Fleming, der Vermesser, hatte eine leichtere Route weiter nördlich vorgeschlagen, aber genau wie in den Rocky Mountains wählte die CPR auch hier den kürzesten und direktesten Weg nach Westen. Da sie am Ufer des Lake Superior entlangführte, konnte sich die Bahn selbst mit Wasser versorgen. Van Horne bestellte sogar drei Schiffe, die von Schottland über den Atlantik dampften, dann in zwei Teile zerlegt und über das Kanalsystem des Saint Lawrence River zum See transportiert wurden.

Als glühender Anhänger der Autarkie ließ er am Nordufer des Oberen Sees sogar drei Sprengstoffabriken bauen, von denen jede täg-

Felsarbeiten bei Jackfish Bay am Nordufer des Lake Superior im Jahr 1885. In dieser Gegend mußte fast jeder Zentimeter der Bahn freigesprengt werden. Neu verlegte Gleisabschnitte wurden oft weggespült oder durch Felsrutsche zerstört.

lich eine Tonne Dynamit produzieren konnte. Die Eisenbahn hatte dem Land den Krieg erklärt und brauchte viel Munition.

Im Sommer litten die Arbeiter unter Insekten und Hitze. Die Winter waren aber noch schlimmer: die Temperatur fiel auf vierzig bis fünfzig Grad unter Null, und der Schnee lag oft zwei Meter hoch. Manchmal lag er so hoch, daß die Arbeiter sich in den Neigungswinkeln täuschten und die Schienen einfach auf dem Schnee verlegten, um dann nach der Schmelze im Frühjahr festzustellen, daß sie an verschiedenen Stellen noch einmal von vorne beginnen mußten. Die Männer schliefen in engen, aus Fichtenbrettern grob zusammengezimmerten Baracken, und es gab sogar Camps, wo italienische Akkordarbeiter in Hütten ohne Boden und Fenster hausten. Um sich darüber hinwegzutrösten, hielten sich die meisten Streckenarbeiter an Whisky; das illegale Betäubungsmittel wurde von Schmuggelbanden beschafft, die eine Art Grenzerjustiz mit Revolvern, Gewehren und Bowiemessern ausübten. Whisky und Dynamit ebneten der CPR den Weg durch das Buschland, und kein Mensch kümmerte sich groß um die Landschaft. Der Historiker Pierre Berton bemerkt in seinem Buch *The Last Spike* treffend: «Für die Arbeiter war die Landschaft bloß ein Ärgernis, das beseitigt werden mußte, wenn es allzusehr störte.»

Und trotzdem: was Van Horne «zweihundert unmögliche Meilen des Eisenbahnbaus» nannte, bietet eine höchst interessante Fahrt. Sie beginnt in der Nähe von Marathon, einer kleinen Holz- und Papierstadt, wo Baumstämme wie Zahnstocher entlang der Strecke aufgestapelt sind und noch Überreste der hölzernen Kanäle existieren, in denen die Stämme aus den Holzfällerlagern in den Bergen zu Tale geflößt wurden. Marathon blickt nun einem Zeitalter neuer Blüte entgegen, denn vor kurzem belegte ein glücklicher Goldsucher einen Claim, aus dem sich die größte Goldmine Kanadas entwickeln wird. Unwillkürlich begann ich von all den andern Schätzen zu träumen, welche der präkambrische Schild unter Umständen noch birgt. Die roten und ockerfarbenen Klippen, die sich über dem Gleis auftürmen, sahen beinahe aus, als ob sie leben würden; und in gewisser Weise tun sie das auch. Verschiedene Streckenabschnitte sind mit Spezialzäunen abgesichert, die bei einem Felssturz oder Steinschlag ein Alarmsignal auslösen. Die Klippen bilden vor allem im Frühjahr eine große Gefahr, wenn das in Felsritzen eingedrungene Eis plötzlich schmilzt.

Gemächlich zog der «Canadian» am Ufer dahin, und als wir die hufeisenförmige Bucht bei Jackfish erreichten, wurde es bereits dunkel. Dieser Streckenabschnitt war einer der letzten, die vollendet wurden, und die Baukosten beliefen sich auf $ 440'000 pro Kilometer – und dies zu einer Zeit, als ein Stundenlohn noch $ 1.50 ausmachte. Zu Beginn des Jahres 1885 klafften – abgesehen von Jackfish – noch vier weitere Lücken in der Strecke durch Ontario. Die CPR stand vor dem Bankrott und hatte noch keine Lösung in Aussicht, als im heutigen Saskatchewan die «Northwest Rebellion», ein Aufstand der Mestizen und Indianer unter Louis Riel ausbrach. Die Regierung brachte dank der neuen Eisenbahn innerhalb von zwei Wochen 3000 Soldaten in den Westen. Sie schlugen den Aufstand rasch nieder, und die Regierung leistete daraufhin der so rasch zu landesweitem Ansehen gekommenen CPR umfangreiche Bürgschaften. Die Soldaten hatten allerdings keine gemütliche Reise erlebt. Sie fuhren bei Temperaturen unter dem Gefrierpunkt auf flachen, offenen Güterwagen und mußten die am Oberen See noch bestehenden Lücken in der Linie auf blankem Eis überbrücken.

Trotz des manchmal sehr kühlen Klimas in meinem Schlafwagenabteil hat die CPR ihren Komfort seit 1885 wesentlich verbessert, obwohl die ganz luxuriösen Zeiten vor gut dreißig Jahren nun auch schon wieder der Vergangenheit angehören. Damals genossen Küche und Service der Eisenbahn einen geradezu legendären Ruf: Frische, in einem kleinen Fischerdorf unterwegs eingekaufte Forellen aus dem Oberen See wurden köstlich gebraten auf silbernen Gedecken serviert. Heute werden dem Reisenden abgepackte Flugzeugmahlzeiten vorgesetzt, die immerhin noch auf Bestellung zubereitet und nicht einfach in einem Mikrowellenofen aufgewärmt werden.

Mein Nachtessen bestand aus Huhn in einer geheimnisvollen gelben Sauce. Unterhalten wurde ich dabei von einer älteren Dame aus Winnipeg, die von früheren Zeiten erzählte, als sie mit einem kranken Kind im Zug unterwegs war und die Dampflokomotive in White River einfror. Anschließend zog ich mich in die Bar zurück. Genau genommen hat der «Canadian» zwei Bars, je eine in den beiden Aussichtswaggons. Der Wagen in der Zugmitte, der gleichzeitig die Personen- von den Schlafwaggons trennt, ist für jedermann zugänglich, auch für Reisende, die nur Kurzstrecken fahren oder sich keinen teuren Platz leisten können. Derjenige am Ende des Zuges ist hingegen den Benützern der Schlafwagen vorbehalten. Es handelt sich um einen speziellen Salonwaggon mit abgerundetem Heck, der immer den Schluß des «Canadian» bildet. Jeder dieser Aussichtswagen ist nach einem Nationalpark benannt; der meine hieß «Algonquin». Unterhalb der Kuppel befindet sich der Salon mit bequemen, um riesige Aschenbecher gruppierten Armsesseln; weiter vorn, durch eine gläserne Trennwand mit eingeschliffenen Blumenmustern und winzigen Lämpchen separiert, ist die Bar eingerichtet. Einige dieser Salonwagen sind noch mit Wandmalereien von Kanadas berühmter «Gruppe der Sieben » geschmückt. Die meisten aber sind heute – wie unser «Algonquin» – moderner und nüchterner ausgestattet.

Der Salonwagen eignet sich ausgezeichnet für eine zivilisierte Unterhaltung, im mittleren Aussichtswaggon hingegen geht es unter den eher einfacheren Reisenden oft wesentlich lebhafter zu und her. Kurz vor Mitternacht erreichten wir Thunder Bay. Der Engländer zeigte sich von dem, was man in der Dunkelheit vom Hafen erkennen konnte, sehr beeindruckt, am meisten wohl von den 25 Getreidesilos mit einer Kapazität, die ungefähr 100 Schiffsladungen entspricht. Thunder Bay, der Ostterminal für den Weizen aus der Prärie und das größte Holz- und Papierindustriezentrum in ganz Kanada, liegt am Endpunkt des Sankt-Lorenz-Seeweges. Die Prärie war allerdings noch gut 560 km weit entfernt. Die ganze Nacht über folgte der Zug durch die Wildnis Ontarios den Spuren der Kanus, in denen die Pelzhändler nach Westen vorgedrungen waren. Dabei überquerte er grundlose Moore, die nur dank einem schwimmenden Rost aus Baumstämmen zu überwinden sind; dieser Rost gibt unter dem Gewicht eines Güterzuges beträchtlich nach, und von weitem betrachtet, scheint sich dann die Zugspitze wie der Bug eines Bootes leicht aus dem Wasser zu heben.

Beim Morgengrauen erreichten wir Kenora und das weite Feriengebiet mit der berühmten Minaki Lodge, dem größten und luxuriösesten Blockhaus im ganzen Land – vielleicht das ungewöhnlichste Hotel, das eine Eisenbahn je gebaut hat. Die CNR legten den Grundstein dazu im Jahr 1924, als sie einen Golfplatz aus dem Granitboden sprengten und 30 Waggons mit Erde aus einer Farm in Manitoba einführten. Heute ist das Hotel im Besitz von Ontario, eine Rarität, die sich nur eine so reiche Provinz leisten konnte, ein letzter Hauch imperialer Grandezza am Rande des Buschlandes von Ontario.

Irgendwann im Verlaufe des Frühstücks, zwei Tage und 2306 km nachdem der «Canadian» die Grenze zu Ontario überquert hatte, verließen wir die große Provinz wieder. Der Engländer war sichtlich erleichtert.

Das schmucke Innere eines Salonwaggons der Grand Trunk Railway um die Jahrhundertwende.

Rechts: Der Zug nähert sich Toronto; das Gepäck der aussteigenden Fahrgäste steht bereit.

Der Rauch aus dem 381 m hohen Schornstein der «Inco»-Nickelhütten bricht das Tageslicht über der Mondlandschaft um Sudbury. Die Abgase aus diesem Schornstein sind weitgehend für den sauren Regen mitverantwortlich, der das Leben in den nördlichen Seen Ontarios gefährdet. Schlacke aus den «Inco»-Hütten wird in der ganzen Region als Schotter für die Gleise verwendet.

Rossport, ein Dorf am Nordufer des Lake Superior, war in früheren Eisenbahnzeiten eine wichtige Station. Hier wurden frische Seeforellen gekauft, die dann, köstlich gebraten, bei der nächsten Mahlzeit im Speisewagen serviert wurden. Heute werden dem Reisenden im «Canadian» abgepackte Flugzeugmahlzeiten vorgesetzt, die aber immerhin noch frisch gekocht sind, und der Zug hält natürlich nicht mehr in Rossport.

Seite 100/101: Der «Polar Bear Express» überquert auf seiner Rückreise nach Süden unmittelbar nach der Ausfahrt aus Moosonee eine hölzerne Brücke. Die Polar Bear Linie der Ontario Northland Railway verbindet Cochrane mit Moosonee und folgt auf ihren 300 km den alten Kanustrecken über den Abitibi und Moose River bis zu deren Mündung in die James Bay. Die 1932 fertiggestellte Bahn bildet heute noch die einzige Landverbindung nach Moosonee.

1517
Rail
Services
1517
Ontario
Northland

Ontario
Northland

Der Königliche Zug, mit dem Königin Elizabeth und Prinz Philip bei ihrem Staatsbesuch im Jahr 1984 durch das Land reisten. Der königliche Stander, der auf dem Führerstand weht, gehört natürlich nicht zu den Dienstflaggen. (Dienstflaggen sind zum Beispiel die weiße Flagge, die einen nicht fahrplanmäßigen Sonderzug bezeichnet, oder die grüne Flagge, die darauf hinweist, daß der zweite Teil des Zuges mit einer zweiten Lokomotive unmittelbar nachfolgt.)

Ein Speisewagen auf dem «Canadian». Der 1955 von der Budd Company in Philadelphia für die CPR gebaute Waggon ist mit gläsernen Trennwänden unterteilt, auf die in Kanada heimische Vogelarten eingeritzt sind. Obwohl der legendäre Luxus der transkontinentalen Speisewagen längst der Vergangenheit angehört, wird auf dem «Canadian» nach wie vor auf einen gewissen Standard geachtet.

Links: VIA-Zug Nr.2, der «Canadian» in östlicher Richtung, verläßt Thunder Bay an einem Tag im Spätherbst. Die Espen und Pappeln, die hier das Landschaftsbild beherrschen, sind typisch für die Sekundärwälder, welche in weiten Gebieten im Norden Ontarios die durch Holzschlag und Feuer zerstörten Nadelwälder ersetzt haben.

Bahnhöfe, Straßen und Docks weichen der stillen Schönheit der Landschaft im nördlichen Ontario.

Die Aussichtskuppel des «Canadian», der die längste Fahrt in einem Aussichtswaggon auf der ganzen Welt bietet. Jeder Zug führt zwei solcher Wagen mit, einen in der Mitte für die Reisenden der Personenwaggons, einen am Schluß für die Passagiere der Schlafwagen. Sie gehören zu einer Flotte von 173 Waggons, welche die CPR 1955 von der Budd Company in Philadelphia gekauft hat.

Ausblick aus dem Zug, wie er sich im Norden Ontarios immer wieder bietet. Diese Landschaften gelangten durch die Gemälde von Kanadas berühmter «Gruppe der Sieben» zur Berühmtheit. Einige Maler dieser Gruppe schmückten auch die Innenwände der Park-Aussichtswaggons, welche der «Canadian» mitführt.

Seite 108/109: Ein Zug aus Moosonee löscht seine «Fracht» in Cochrane. Die gemischten Züge der Ontario Northern Railway lassen Fischer, Jäger und Trapper überall auf der Strecke zu- und aussteigen. Spezielle Güterwagen sind für Kanus und Campingausrüstungen reserviert.

2011
XM
40-6
9-2
10-0
3712
C

Ontario Northland
ONT 2547
1602

Oben: Der «Canadian» hält bei einem Busch-Camp im Norden Ontarios, um Passagiere und Vorräte auszuladen.

Links: Ein Passagier in Cochrane. Ein Hund in White River, so wird erzählt, soll von den Abfällen aus den Speisewagen gelebt haben; angeblich konnte er das Pfeifen eines Personenzuges von jenem eines Güterzuges unterscheiden.

Oben: Ein Lastkanu der Cree-Indianer bildet die einzige regelmäßige Verbindung zwischen Moosonee und Moose Factory auf der andern Seite des Flusses.

Rechts: Diese fahrbare Snackbar in Moosonee präsentiert ihre Speisekarte in zwei Sprachen – in Englisch und in Cree.

◁ Cree-Eisenbahnarbeiter.

△ Der «Canadian» legt einen nicht fahrplanmäßigen Halt ein, um Elchjäger aussteigen zu lassen.

Schriftzeichen in der Cree-Sprache auf einem Wagen der Ontario Northland Railway, der heute als Museum in Moosonee dient.

Die Graphik der Ontario Northland Railway.

Eine Gruppe von Eisenbahnarbeitern.

Der Friedhof von Moose Factory, der ersten britischen Siedlung in Ontario. Moose Factory wurde 1673 als Pelzhandelsposten (Faktorei) der Hudson's Bay Company gegründet. Der französische Reisende Chevalier Pierre de Troyes drang 1686 per Kanu hierher vor und nahm den Posten für die Franzosen in Besitz. Erst 1730 ging Moose Factory wieder an die Engländer über.

Seite 118/119: Der «Canadian» schlängelt sich zwischen den zahllosen Seen im Norden Ontarios hindurch. Gewässer nehmen rund 17 Prozent der Oberfläche dieser Provinz ein.

Draht-Detektoren, die bei einem Erdrutsch oder Steinschlag auf die Trasse Alarm auslösen, am Nordufer des Lake Superior bei Marathon. Der Bau der ursprünglichen CPR-Linie durch diese Granitrampen stellte ein ähnliches Meisterstück der Ingenieurkunst dar wie das Heraussprengen der Strecke durch die Rocky Mountains.

In der Nähe von Campbellville, Ontario.

ROYAL YORK
CP Rail

Der Zugführer und ein Steward des Speisewagens des Königlichen Zuges von 1984.

Links: Die Skyline von Toronto mit dem Royal York Hotel (1600 Zimmer), welches die Canadian Pacific im Jahr 1929 eröffnete. Darunter die Union Station und der einstige Güterbahnhof der Stadt, dessen Areal nun neu überbaut werden soll. Im Vordergrund der «Cape Race», ein Aussichts- und Solariumwaggon, der 1929 für die transkontinentale Strecke der CPR gebaut wurde. Heute gehört er der Upper Canada Railway Society.

Die Aussicht eines Bremsers vom Bremserwagen.

Rechts: Bremsrad eines Güterwagens.

RELEASE
APPLY

Moor, sog. *muskeg,* bei Chapleau im Norden Ontarios. Diese Sumpflandschaft gab beim Gleisbau durch die Wildnis des präkambrischen Schildes ernsthafte Probleme auf. An einzelnen Stellen wurden 45 m lange Pfähle ins Moor getrieben, ohne daß man auf festen Boden stieß. Selbst heute noch müssen gewisse Sumpfstrecken mittels schwimmender Roste aus Baumstämmen überwunden werden!

Getreidesilos in Thunder Bay. Die kanadischen Eisenbahnen transportieren jährlich ungefähr vierzig Millionen Tonnen Getreide, und beinahe die Hälfte geht über Thunder Bay. Vor dem Umladen auf Schiffe kommt das Getreide meist in einen der 25 riesigen Betonsilos im Hafen, wo es gewogen, sortiert, gereinigt, wenn nötig behandelt und schließlich gespeichert wird.

PIONEER
FROSTY TREAT
ENJOY Coca-Cola
FANTA
OPEN
VANILLA SOFT ICE CREAM
HAVE A NICE "DAY"
Sprite

DIE PRÄRIEN

Oben: Gleisbau für die Linie der CPR durch die Prärien zu Beginn der 1880er Jahre.

Links: Ein Getreidesilo im Süden von Saskatchewan. Über viertausend dieser hölzernen Lagerhäuser stehen an den Bahnlinien durch die Prärien. Die Farmer bringen ihr Getreide mit Lastwagen zum Silo, wo es über Förderbänder nach oben und in den jeweiligen Behälter transportiert wird. Das Einfüllen in die Eisenbahnwaggons erfolgt einzig mit Hilfe der Schwerkraft. Die Arbeiter tragen Schutzmasken. An dieser Station wird Speiseeis als Gegenmittel gegen den lästigen Staub verkauft.

Nirgendwo in Kanada hat die Eisenbahn einen nachhaltigeren Einfluß ausgeübt als in den Prärien. Vor der Zeit der CPR waren die weiten Ebenen im Südwesten, die heute zu Manitoba, Saskatchewan und Alberta gehören, ein einziges, unbezähmbares Meer von Gras. In diesem jungfräulichen Territorium übernahm die CPR so etwas wie die Rolle des höchsten Schöpfers; sie legte den Grundstein zu rund 800 Siedlungen, Dörfern und Städten und wirkte, oft durchaus willkürlich, bestimmend für eine neue Form der Gesellschaft.

Wäre die Eisenbahn auf die vom Vermesser Sandford Fleming ursprünglich vorgesehene nördlichere Route eingegangen, hätte sie die Zivilisation in den Prärien vermutlich in einer ganz anderen Richtung entwickelt. Fleming war den Spuren der Pelzjäger gefolgt, die sich von Winnipeg weiter nördlich wandten und über das fruchtbare, bewaldete Tal des North Saskatchewan River Edmonton erreichten, um die Rocky Mountains über den Yellowhead Pass zu bezwingen. Die CPR setzte sich aber über alle kritischen Einwände hinweg, die das Land im Südwesten als zu trocken und deshalb für Landwirtschaft ungeeignet bezeichneten, schob die in zehn Jahren geleistete Vermessungsarbeit beiseite und entschloß sich für eine südlichere Route – zum Teil, weil sie kürzer war, zum Teil aber auch, weil dies amerikanische Konkurrenzunternehmen davon abhalten würde, Nebenlinien über die Grenze nach Kanada voranzutreiben. Später bauten die Grand Trunk Pacific und die Canadian Northern ihre Strecken durch den Norden der Region, die schließlich beide ins Netz der CNR einverleibt wurden. Es war aber zweifellos die CPR, die eine erste Siedlerwelle in die Prärien brachte und einen unzerstörbaren Eindruck hinterließ.

Als die Vermesser der CPR im Jahr 1881 von Winnipeg aus aufbrachen, um die Streckenführung festzulegen, brach eine wilde Bodenspekulation aus. Eine ganze Armee von Siedlern versuchte zu erraten, wo die wichtigsten Stationen – und damit die neuen Dörfer und Städte – zu stehen kommen würden. Manchmal schlugen die Eisenbahner diesen Spekulanten allerdings ein Schnippchen, indem sie für ihre Bahnhöfe vollkommen unwahrscheinliche Orte wählten. Die Eisenbahngesellschaft hielt in diesem Neuland aber nicht nur den Schienenstrang in eisernem Griff. Die kanadische Regierung hatte der CPR 25 Millionen Dollar und über 10 Millionen Hektaren Land zur Verfügung gestellt. Da die Berggebiete und die Großen Seen Besitztum der Provinzen waren, legte der Vertrag fest, die Eisenbahn dürfe nur Land in den Prärien beanspruchen. Obwohl die Regierung erwartet hatte, die Bahn würde sich auf einen rund 80 km breiten Gürtel entlang ihrer Strecke beschränken, durfte sie ihr Land zwischen dem Red River und den Rocky Mountains doch vollkommen frei auswählen.

Die Besiedlung ging zunächst nur sehr langsam vonstatten, besonders in den trockenen Ebenen von Saskatchewan und Alberta. Nach der

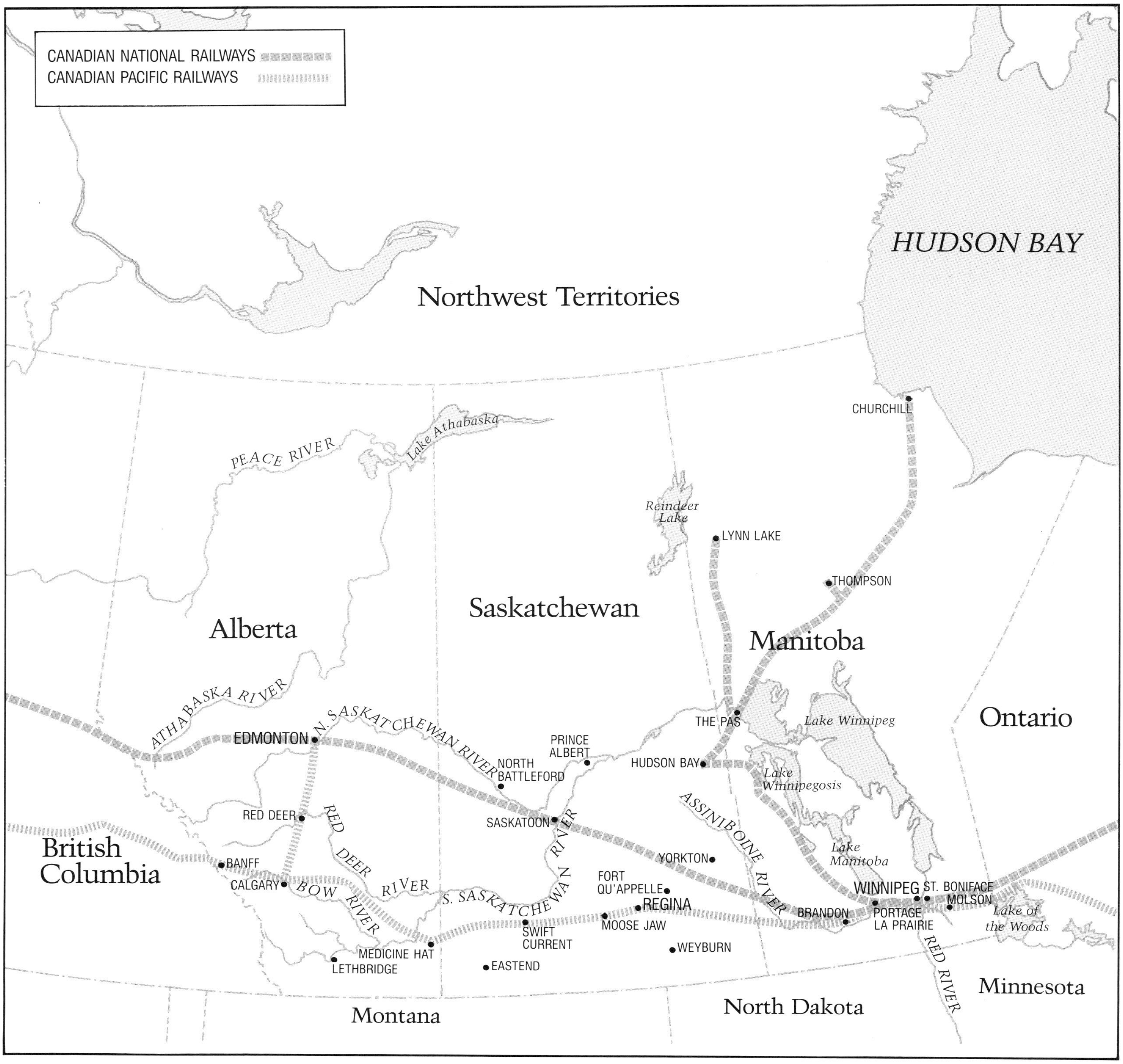

Jahrhundertwende verwandelten aber neugezüchtete Getreidesorten und verbesserte Anbaumethoden die Prärien in die größte Kornkammer der Welt. Die Eisenbahn sorgte für ein weitverzweigtes Netz von Nebenlinien, um das Getreide aus den zahlreichen kleinen Bauerndörfern abzutransportieren, die beinahe über Nacht aus dem Boden schossen. Der große Boom verebbte dann in der Krisenzeit der dreißiger Jahre. Einige der größeren Siedlungen verschwanden ebenso rasch wieder, wie sie entstanden waren. Andere entschlossen sich, noch eine oder zwei Generationen abzuwarten, nur um dann feststellen zu müssen, daß sie durch die neue Ära der Super-Highways und der mechanisierten Landwirtschaft hoffnungslos ins Hintertreffen geraten waren. In den letzten Jahren haben die Eisenbahnen zahlreiche weitere Nebenlinien stillgelegt, die nur noch zu Geisterstädten geführt hatten. Die verblie-

Das Lokomotivdepot in Medicine Hat, Alberta, in den 90er Jahren des 19. Jahrhunderts.

benen Dörfer und Städte drängen sich immer noch entlang der Hauptlinien der CN und der CP, in unmittelbarer Nähe der Schlagadern, in denen das Leben mit Korn, Kohle und Pottasche pulsiert. Und zweimal täglich schlüpft ein Personenzug durch den engmaschigen Fahrplan der Güterzüge.

Wenn der «Canadian» von Ontario nach Manitoba hinüberwechselt, erfolgt schlagartig der Übergang vom Kanadischen Schild zur Prärie. Wer auch nur einen Augenblick lang seinen Blick abwendet, kann ihn verpassen. Die für den Schild so typischen Felsformationen und Nadelwälder weichen urplötzlich sumpfigem Grasland mit vereinzelten Laubbäumen. Und wenige Minuten danach beginnt die unendliche Weite der Prärien mit ihrem schwarzen, lehmigen Boden. Bis vor 8000 Jahren lagen weite Teile im Süden von Manitoba unter dem Spiegel des größten Süßwassersees der Welt – größer als alle Großen Seen zusammengenommen –, und seine Schlammablagerungen machten das Gebiet um den Red River besonders fruchtbar.

Wo sich der Red River und der Assiniboine River treffen, ungefähr zwei Bahnstunden von der Grenze entfernt, taucht plötzlich die Stadt Winnipeg aus der leeren Ebene auf. Wir überquerten den Red River parallel zu einem langsamer fahrenden Güterzug (weil so ungeheuer viel Getreide nach Osten transportiert werden muß, ist die Strecke zwischen Thunder Bay und Winnipeg doppelspurig), und die Brücke führte uns mitten ins Stadtzentrum. Winnipeg ist eine eigenartige Hybride; es scheint, als ob zwei vollkommen unterschiedliche Städte sich zu einer Partnerschaft gefunden hätten: die eine mit blitzblanken Wolkenkratzern und schattigen Promenaden, die andere mit verwitterten Bankhäusern und Geschäften, deren handgemalte Firmenschilder auf den Ziegelsteinmauern allmählich verblassen.

Die Stadt war 1810 von schottischen Einwanderern gegründet worden, blühte aber erst richtig auf, als die CPR Winnipeg zum Ausgangspunkt ihres Aufbruches nach Westen erkor. Ein wahrer Landrausch raste durch die Stadt. Hunderte von Spekulanten verkauften den Boden hin und her und trieben seinen Wert um das Vielfache in die Höhe. Um 1882 war das Land in Winnipeg teurer als in Chicago (bis 20'000 Dollar pro m^2). Häuser schossen wie Pilze aus dem Boden; die Hotels waren überfüllt; in den Bars floß der Champagner in Strömen. Immobilienhändler bereisten das ganze Land, um Boden in Manitoba an den Mann zu bringen.

Der Boom sollte kein Jahr lang anhalten. Die Seifenblase platzte im Frühling 1882, als Winnipeg von der schlimmsten Überschwemmung seit Menschengedenken heimgesucht wurde. Der Red River riß Brükken mit, setzte die Eisenbahnlinie unter Wasser und verwandelte die meisten kostbaren Grundstücke in Sumpfland. Während die Stadt drei Wochen lang von der Außenwelt abgeschnitten war, richteten die Spekulanten ihr Augenmerk bereits auf ein neues Ziel, auf Fort Edmonton. Ungefähr 75% der Geschäfte gingen ein, als die Flut nachließ. Doch Winnipeg erholte sich und entwickelte sich im Laufe der Zeit zur siebtgrößten Stadt Kanadas; doch seine alte Ausgelassenheit sollte es nie mehr zurückerlangen.

Heute ist Winnipeg ein wichtiger Eisenbahnknotenpunkt, an dem alle Hauptlinien zusammenlaufen. Im Bahnhof kann der Reisende den «Polar Bear Express» nach Churchill an der Hudson Bay, den «Panorama» nach Prince Rupert am Pazifik oder den «Canadian» nach Vancouver oder Montreal besteigen. Der ganze Personenverkehr wickelt sich über die CN-Station im Stadtzentrum ab. Das Gebäude strebt trotz mächtigen Säulen, einer kuppelförmigen, azurblauen Decke und einer Rundhalle vergeblich nach Großartigkeit. Im Gegensatz dazu ist der alte, 1904 erbaute Bahnhof der CP wesentlich reizvoller. Er dient heute nur noch als Verwaltungssitz und befindet sich am andern Ende der Stadt zwischen Hunderten von Logierhäusern, Pfandläden und Trinkhallen. Man betritt das stattliche Gebäude aus Ziegelsteinen mit seiner Empire-Fassade aus mächtigen Kalksteinblöcken durch ein großes Portal. In der großen Halle tragen kräftige, rosarote Säulen eine mit Rokoko-Motiven umrandete Decke. Die Decke selbst besteht aus billigen Schallschluckplatten, der Boden aber aus einem schönen, handwerklichen Glasmosaik. Dieser Unterschied zwischen oben und unten stellt in der Tat einen ausgezeichneten Kompromiß zwischen Zweckdienlichkeit und Pomp dar, und er ist eigentlich symbolisch für die ganze historische Entwicklung der CP, einer Eisenbahngesellschaft, die anfänglich nur eine Eisenbahnlinie bauen wollte und am Ende ein ganzes Reich verwaltete.

Die Geisterstation macht einen unheimlich betriebsbereiten Eindruck; die Messinggeländer sind auf Hochglanz poliert, die Schilder mit den Aufschriften LADIES, TICKETS, BAGGAGE noch alle an Ort und Stelle, wenn auch unbeleuchtet. Es ist, als ob man nur einen Schalter drehen müßte, um die ganze Anlage wieder zum Leben zu erwekken. Nebenan liegt heute ein Park an der Stelle, wo einst das Royal Alexandra Hotel der CP stand. Es war so solid gebaut, daß die Abbruchfirma, die es 1971 dem Erdboden gleichmachen sollte, an dieser Aufgabe beinahe bankrott ging. Größe vergeht in der Prärie sehr schnell, und Reiche werden nicht mehr an Steinen und Ziegeln gemessen. Und dennoch; gegenüber der Station thront das alte, schloßähnliche Fort Garry Hotel, das die Grand Trunk Railway erbaut hatte, als sie noch in voller Blüte stand.

Der Lethbridge Viaduct der CPR über den Oldman River in Alberta ist 1624 m lang und mit 95,7 m die höchste Eisenbahnbrücke in Kanada. Hier wird 1909 der letzte von 34 Vollwandträgern eingesetzt.

Stille breitete sich im Zug aus, als wir von Winnipeg weiter nach Westen fuhren. In den Prärien gibt es keine Hindernisse und nur wenige Sehenswürdigkeiten – abgesehen von den in leuchtenden Farben gehaltenen Getreidesilos, welche die Ebene in denselben Abständen auflokkern wie die Kirchtürme in Quebec. Immer wieder lassen die Reisenden den Blick über das Land schweifen, stets in der Hoffnung, es möge sich etwas verändern. Die geringsten Abweichungen von der Horizontalen geben zu einer genaueren Untersuchung Anlaß. Das Auge verweilt auf einem Bauernhof, einem Hügel, einer Baumgruppe oder vielleicht auf einem Lastwagen, der etwas langsamer oder schneller als der Zug über den Highway braust.

Der Engländer, der die Bäume so verabscheut hatte, liebte die Prärie. «Endlich kann man etwas sehen», gab er seiner Begeisterung Ausdruck. «Eine Farm, ein Haus... irgend etwas. Alles ist besser als diese Bäume.» Der Engländer hatte, wie sich herausstellen sollte, eine Schwäche für Farmen, denn er war selbst auf einer aufgewachsen. Nach dem Tod seines Vaters hatte er das Familiengut verkauft und sich auf die Insel Guernsey zurückgezogen, ein Steuerparadies im Ärmelkanal. Nun finanzierte er mit dem Gewinn seine Weltreise und litt deswegen unter Schuldgefühlen. Er sei auf dem Weg nach Australien, Neuseeland und Hong Kong, erzählte er mir, und dann ginge es «nach Abba Abba oder so, wo die Leute schwarz wie Kohle sind und sich weiße Tücher um den Kopf schlingen». Er schien sich nicht besonders darauf zu freuen. Aber er fühlte sich in der Prärie wohl, obwohl ihre hohe Zeit vorbei war und sie sich nicht in ihrem besten Zustand präsentierte.

Der Bahnhof der CPR in Winnipeg, Manitoba, stammt aus dem Jahr 1904. Heute dient er nur noch als Verwaltungs- und Bürogebäude.

Die Felder waren abgeerntet; hie und da war noch ein Strohschober zu sehen. Nicht weit nach Winnipeg rollte der Nebel heran und beschnitt die sonst legendäre unbegrenzte Sicht auf ein paar hundert Meter. Die Prärien sollte man im August bereisen, wenn das Getreide zu einem wogenden Meer wird, das seine Farbe mit dem Wind ändert – Variationen von leuchtendem Gold unter einem emailblauen Himmel – , und wenn die Getreidesilos in der Ferne flimmern, die einzigen Landmarken, die sich von einem Horizont abheben, der über dreihundertsechzig Grad der Unendlichkeit geht. Der Engländer wunderte sich über diese Silos. Er wollte mir nicht glauben, als ich ihm erzählte, die Bauern brächten das Getreide mit Lastwagen zum Silo, wo es mit Förderbändern nach oben geschafft und dann mit Hilfe der Schwerkraft in Eisenbahnwagen abgefüllt würde. Er war von den großen Betonspeichern in Thunder Bay beeindruckt gewesen, die hölzernen Silos aber, diese Wahrzeichen Kanadas, fand er «blöd».

Ungefähr drei Stunden westlich von Winnipeg hielt der Zug in Brandon an. In den alten Ziegelsteinhäusern an der Hauptstraße unmittelbar neben dem Bahnhof befinden sich Geschäfte, die mit Saatgut und landwirtschaftlichen Maschinen handeln. Wie die Silos schienen sie im ersten Augenblick inmitten der unendlichen Ebenen riesengroß emporzuwachsen – als ob sie eigens dazu gebaut worden wären, sich vom Horizont abzuheben. Brandon, die «Weizenstadt», verdankt ihr Dasein einem Manöver der CPR, um die Bodenspekulanten auszutricksen. Sie wurde 1881 gegründet, als die Bahn diesen Standort für eine Station wählte, obwohl Grand Valley, drei Kilometer weiter östlich am Übergang des Assiniboine River, weitaus bessere Möglichkeiten geboten hätte. Dort waren in kürzester Zeit Zelte, Hütten und sogar ein Hotel unter Segeltuchplanen aufgebaut worden, als sich die Spekulanten auf den Boom vorbereiteten, der ihrer Ansicht nach nicht ausbleiben konnte. Der Besitzer des Grundstücks, auf dem der Bahnhof erbaut werden sollte, ließ sich von den Landhaien allerdings dazu verlocken, einen überhöhten Preis dafür zu verlangen. Der Chefingenieur der CPR, General Thomas Rosser, ein Mann aus Virginia, der sich als kühner Anführer einer Kavallerieabteilung der Föderation im amerikanischen Sezessionskrieg einen Namen gemacht hatte, ließ sich aber nicht übers Ohr hauen. Er verlegte den Bahnhof einfach um ein paar Kilometer, erledigte dadurch den ehrgeizigen kleinen Ort Grand Valley und machte dafür Brandon groß. Rosser wurde allerdings später entlassen, weil er selbst in Spekulationen verwickelt gewesen war.

Brandon war die erste CPR-Stadt. Als wir weiter nach Westen fuhren und unbemerkt die Grenze von Manitoba nach Saskatchewan überquerten, lernten wir noch mehr von ihnen kennen. Oft waren auch sie nicht den Gesetzen der Logik gefolgt. So schien Fort Qu'Appelle, in einem waldigen Flußtal gelegen, zum Beispiel der ideale Platz für die neue Hauptstadt des Nordwestens zu sein, doch wich die Eisenbahn weiter nach Süden aus. Und die Stelle, an der Regina, die heutige Hauptstadt von Saskatchewan, entstehen sollte, war nichts anderes als eine dürre, baumlose Fläche am Pile O'Bones Creek. Der Name dieses zeitweise ausgetrockneten Flußlaufes ist die englische Übersetzung des

indianischen Wortes Wascana, was auf deutsch «ein Haufen Knochen» bedeutet; er rührt daher, daß an jenen Uferstellen, an denen die Indianer ganze Büffelherden zum Schlachten in Korrals getrieben hatten, jeweils Haufen mit Tausenden von gebleichten Knochen zurückblieben.

Die Indianer bildeten das einzige wirkliche Hindernis, das die CPR auf ihrem Vorstoß durch die Prärien zu überwinden hatte, und sie ließen sich leicht aus dem Weg räumen. Schon vor der Eisenbahn hatte der Weiße Mann das Leben der Indianer durch Tauschgeschäfte von Feuerwaffen und Feuerwasser gegen Büffelhäute hoffnungslos vergiftet. Um 1880 waren die großen Büffelherden dezimiert, und die Indianer waren am Verhungern. Der eiserne Pfad mit dem Feuerroß, der mitten durch die ehemaligen Jagdgründe der Blackfoot- und Cree-Indianer schnitt, bedeutete das Ende aller Freiheiten, welche die Urbewohner der Prärien noch gehabt haben mochten. Ein Volk stolzer Jäger wurde gezwungen, in Reservaten zu leben und sein Dasein als Bauern zu fristen. Der einzige nennenswerte Widerstand gegen die Eisenbahn machte sich im Blackfoot-Reservat bei Calgary bemerkbar. Häuptling Crowfoot, der Anführer der Blackfoot-Indianer, schickte Boten aus, die den Vorarbeitern der Bahn ausrichten mußten, 700 tapfere Indianer würden angreifen, wenn die Bauarbeiten nicht eingestellt würden. Die CPR erließ sofort eine entsprechende Verfügung und entsandte den Missionar Albert Lacombe, der bei den Blackfoots einen ausgezeichneten Ruf genoß, um mit ihnen zu verhandeln. Und es gelang ihm in der Tat, Crowfoot von seinem Vorhaben abzubringen, indem er ihm und seinen Leuten mehr Land versprach.

Schließlich spielten die Ureinwohner der Prärien unabsichtlich eine sehr wichtige Rolle beim weiteren Vorrücken der Eisenbahn. Als die CPR dringend mehr Geld benötigte, um ihre Linie wie geplant bis 1885 vollenden zu können, war es die Northwest Rebellion – der bewaffnete Aufstand der Mestizen und Indianer, die mehr Gerechtigkeit bei Ihren Landforderungen durchsetzen wollten –, die die kanadischen Po-

Calgary im Jahr 1884. Als die Linie der CPR durch die Prärien im Jahr zuvor bis hierher fertiggestellt war, bestand Calgary einzig aus einem hölzernen Fort und einigen Squatter-Hütten.

litiker davon überzeugte, daß die Eisenbahn für die Sicherheit des Landes entscheidend war. Nachdem die eiligst per Bahn aus dem Osten herangeführten Truppen den Aufstand niedergeworfen hatten, wurde Louis Riel, der Anführer der Rebellen (ohne den die CPR Pleite gegangen wäre), in Regina gehängt. Außerdem war es in erster Linie der Indianer wegen, daß Alkohol im gesamten Nordwesten Kanadas verboten war, und das trug wesentlich dazu bei, daß die Eisenbahnarbeiter wenigstens offiziell nüchtern blieben.

Der stählerne Strang fraß sich mit erstaunlicher Geschwindigkeit durch die Prärie voran, durchschnittlich über 30 km pro Woche. Die Linie wurde teleskopartig vorgetrieben, das heißt, sie diente als eigene Versorgungs- und Nachschublinie. Jeden Morgen fuhren zwei mit Schwellen, Schienen, Unterlagsplatten und Schienennägeln beladene Züge zum Schienenkopf. Die in 15-Stunden-Schichten eingeteilten Arbeiter entwickelten sich mit der Zeit zu perfekt aufeinander eingespielten Mannschaften, und noch ehe die Rocky Mountains erreicht waren, stellte ein Team einen Weltrekord auf, der vor der Mechanisierung des Gleisbaus nicht übertroffen werden sollte: An einem einzigen Tag schaffte diese Gruppe – vom Anlegen des Bahnkörpers bis zum Beschottern – eine fertige Strecke von 10,265 km.

Für einen Reisenden stellt eine Fahrt im «Canadian» durch die Prärien entweder eine willkommene Erholung oder eine harte Geduldsprobe dar. Für mich verging die Zeit wie im Flug. Ich verschlief die Hälfte von Saskatchewan und einen guten Teil von Alberta. Das letzte, woran ich mich erinnerte, bevor ich in den Vororten von Calgary wieder aufwachte, war der Halt in Moose Jaw kurz vor Mitternacht. Der Bahnhof von Moose Jaw ist wahrscheinlich einer der schönsten im ganzen Land. Der Ziegelsteinbau mit den Bogenfenstern stammt aus dem Jahr 1920 und ist typisch für den Baustil im Westen. Die Räume sind mit herrlichen, geschnitzten Friesen geschmückt. Eine Messinguhr hängt über einem altmodischen Fahrkartenschalter im Wartesaal, an dessen Wänden hölzerne Bänke den Reisenden zum Sitzen einladen. Die Snackbar an der einen Wand wurde zu einem kleinen Eisenbahnmuseum umfunktioniert; selbst ein Modellzug, der auf der Theke seine Kreise zieht, darf nicht fehlen. Wenn man den Bahnhof durch den Haupteingang verläßt, steht man auf einer typischen Western-Hauptstraße, die aussieht, als hätte sich jahrzehntelang überhaupt nichts verändert.

Der «Canadian» erhielt in Moose Jaw eine neue Mannschaft, und der neue Schaffner schwatzte wie ein Wasserfall auf mich ein; er erzählte mir, wie es früher war, als der Bahnhof noch kein Museum sondern ein geschäftiger Treffpunkt für die Farmer war, als das Bahnhofsrestaurant noch als bestes Speiselokal in der Stadt galt. Aber der Stern von Moose Jaw war – wie in vielen anderen Präriestädten – am Verblassen. «Nun, Sie kommen aus dem Osten, nicht wahr?» meinte der Schaffner und hob seinen Blick von seinem kleinen Tisch, der mit Fahrscheinen und Formularen in dreifacher Ausführung förmlich übersät war. «Sehen Sie, von hier kommen all eure Schätze. Wir verkaufen euch unsern Weizen, unsere Mineralien, unser Öl und Gas, und ihr verkauft uns dafür eure Fertigprodukte. Aber die Farmer können sich keine neuen Maschinen und Geräte leisten. Sie können kaum die Hypotheken auf ihren Höfen bezahlen.»

Der Schaffner hatte das behäbige, rundliche Äußere und das Gehabe eines Landarztes, wie es so charakteristisch ist für Männer, die mehr als dreißig Jahre lang in Zügen gearbeitet haben. Während er gewissenhaft seine Fahrscheinnummern notierte, hielt er mir eine schwungvolle Rede über die Politiker und Industriebosse aus dem Osten, welche die Prärien zugrunde richteten, über die Eisenbahngewaltigen, die um der glatteren Güterzugfahrpläne willen immer mehr Personenzüge stillegten, über den allgemeinen Zerfall der Zivilisation...

In der Nacht überquerten wir die Grenze zu Alberta; der Weizenanbau wich der Viehzucht auf trockenem Grasland. Wir kamen nach Medicine Hat hinunter, einer Stadt, unter der sich nach Rudyard Kiplings Beschreibung «die ganze Hölle als Keller» ausdehnt. Er spielte damit natürlich auf die mächtigen Gasvorkommen unter der Stadt an, aber die Geschichte des Ortes trägt dennoch ein paar übernatürliche Züge. Zahlreiche Legenden versuchen, den Namen des Ortes zu erklären. Eine von ihnen besagt, ein Windstoß habe die Kopfbedeckung des Cree-Medizinmannes im Kampf gegen eine Horde Schwarzfuß-Indianer in den Saskatchewan River gefegt; der Cree habe das als schlechtes Omen aufgefaßt und sei geflohen.

In jüngerer Zeit wurde auf der CPR-Strecke östlich von Medicine Hat Kanadas einziger Geisterzug gesichtet. Im Juni 1908 berichteten zwei Lokomotivbesatzungen unabhängig voneinander, sie wären von den Scheinwerfern eines entgegenkommenden Zuges geblendet worden und hätten Reisende in beleuchteten Waggons vorbeiflitzen sehen – und dies, obwohl die Linie nur einspurig ist. Im folgenden Monat wurde ein Lokführer, der beide Geisterzüge gesehen hatte, getötet, als sein Zug mit einer entgegenkommenden Lokomotive zusammenstieß.

Ohne durch echten oder geisterhaften Gegenverkehr behindert zu werden, zog der «Canadian» in nordwestlicher Richtung durch Alberta und fuhr – gerade rechtzeitig zum Frühstück – in Calgary ein. Diese Stadt, eine Oase von Stahl und Glas am Rande der Prärie, war ebenfalls durch die Eisenbahn gegründet, von den Ölgesellschaften aber stark beeinflußt und verändert worden. Der Ölboom der sechziger und frühen siebziger Jahre verwandelte Calgary in eine Stadt der Zukunft, in welcher die Wolkenkratzer in hartem Konkurrenzkampf in die Höhe schossen. Als die Weltölpreise sanken, fand sich Calgary in der gleichen Situation wie andere Städte in der Prärie eine Generation zuvor: alles war bereit, aber kein Weg führte weiter. Viele der Büros in den modernen Hochhäusern stehen heute leer.

Das Stadtzentrum wirkt noch sehr jung, und der Bahnhof liegt mitten in seinem Kern, verborgen unter der antiquierten Geometrie einer Einkaufsstraße. Unmittelbar darüber ragt der Calgary Tower empor, eine Betonnadel mit einem drehbaren Restaurant in schwindelnder Höhe. Als er gebaut wurde, war er mit 191 m das höchste Gebäude der Stadt. Heute sieht er inmitten der anderen Wolkenkratzer beängstigend klein aus.

Ich ging zusammen mit den Amerikanern und dem Engländer in luftiger Höhe frühstücken. Der Engländer war verblüfft über das reichhaltige Angebot: Speck, Würstchen, Pfannkuchen, Eier, Toast und Muffins (Teegebäck). Die Amerikaner staunten über die niedrigen Preise. Und alle miteinander bewunderten wir die herrliche Aussicht. Im Westen ragten – wie eine Spiegelung am Horizont – die schneebedeckten Gipfel der Rocky Mountains empor, die sich beinahe transparent gegen den klaren Morgenhimmel abhoben.

Brandon, Manitoba. Die ukrainische Kirche im Hintergrund weist auf die im 19. Jahrhundert starke Einwanderung aus dem zaristischen Rußland hin.

CP434693
CP 434693

Weizenfelder im Süden von Alberta. Im Hintergrund ein 576 m langer Eisenbahnviadukt über den Oldman River 32 km westlich von Lethbridge.

Banff National Park. Dieses Gemälde von A.J. Casson, einem Maler der «Gruppe der Sieben», schmückt die Wand eines Salonwaggons des «Canadian». Zu Beginn der 50er Jahre erteilte die CPR Künstlern der Royal Canadian Academy den Auftrag, Wandbilder für die 18 Aussichtswagen zu malen, die für den «Canadian» bestellt worden waren. Man nennt sie Park-Wagen, weil sie alle nach National- oder Provinzparks benannt sind. Die CPR warb für den «Canadian» als «Kunstgalerie auf Rädern».

Seite 140/141: Ein Güterbahnhof der CPR in Winnipeg, Manitoba. Da alle transkontinentalen Hauptlinien hier zusammenlaufen, ist Winnipeg einer der bedeutendsten Eisenbahnknotenpunkte des Landes. Die Stadt, die 1812 als schottische Siedlung gegründet worden war, blühte mit der Ankunft der CPR im Jahr 1881 auf und entwickelte sich zum Hauptquartier für den Vorstoß der Bahn in Richtung Westen und für die Besiedlung der Prärien. Heute passieren Produkte aus dem Westen – Getreide, Pottasche, Schwefel, Öl und Erdgas Winnipeg auf dem Weg zu den Märkten im Osten.

CASH & CARRY DEPOT
CP Rail
PROCOR
UNPX
120390
P Rail

VERMONT
RAILWAY
Canadian Pacific

Kesselwagen im Güterbahnhof von Medicine Hat. Sie dienen dem Transport von Erdgas.

CPR-Strecke im Süden von Manitoba.

Links: Kostbares von Hand verarbeitetes und mit Art-Déco-Motiven geprägtes Leder schmückt die Bar im «Sibley Park»-Waggon des «Canadian».

Ein Eisenbahner neben dem «Canadian».

Canada
Canada

PIONEER
POOL

Seite 146/147: Getreidesilos zeichnen die Skyline von East End, Saskatchewan.

Eine Beschotterungsmaschine.

Ein Abstellgleis in Brandon, Manitoba.

Links: Nach der langen Fahrt durch die Prärien fährt ein mit Schnee verkrusteter Waggon in Calgary ein.

Unten: Der «Canadian» in Brandon, Manitoba.

Rechts oben: Der «Canadian» in Regina, Saskatchewan.

Rechts unten: Ein kalter Wintermorgen in Calgary.

6566

Oben links: Die älteste noch betriebsbereite Dampflokomotive Kanadas, eine 2B-«American», auf einem Abstellgleis im CN-Bahnhof von Winnipeg. Sie zählt zu einer Serie von 30 Lokomotiven, die 1882 im schottischen Glasgow für die Canadian Pacific gebaut wurden. Heute gehört sie einer Liebhabervereinigung in Winnipeg, welche die Prairie Dog Central, eine Touristenbahn, betreibt.

Mitte links: Zylinder und Laufdrehgestell der Lokomotive.

Unten links: Güterwaggon der CN, die alte Dampflok und ein alter Waggon der Prairie Dog Central.

Der 1909 vollendete Lethbridge Viaduct der CPR über den Oldman River in Alberta ist 1624 m lang und mit 95,7 m die höchste Eisenbahnbrücke in Kanada.

Südlich von Winnipeg kreuzt die CPR-Linie den Trans-Canada Highway.

Viehhof in St. Boniface, Manitoba. Nachdem Lastwagenfirmen heute den größten Teil der Viehtransporte übernommen haben, werden die Viehhöfe der Eisenbahnen nur noch sehr selten benützt.

Seite 156/157: Eine Prärie-Landschaft im Südwesten von Saskatchewan.

Die Eisenbahnstation von Medicine Hat, Alberta. Die Legende behauptet, der Name gehe auf ein Scharmützel zwischen Cree- und Blackfoot-Indianern zurück. Ein Windstoß soll den Hut des Cree-Medizinmannes in den Saskatchewan River gefegt haben, worauf der Indianer aus Angst vor diesem schlechten Omen die Flucht ergriff. Von da an war dies der «Ort, an dem der Medizinmann seinen Hut verlor»; und daraus wurde später eben Medicine Hat.

Die Station Nummer 14A der CPR, die in den 30er Jahren im Süden von Saskatchewan erbaut wurde, präsentiert sich heute als Bauernhaus. Das ehemalige Lagerhaus dient nun als Garage. In den ersten Jahrzehnten dieses Jahrhunderts zog sich ein wahres Labyrinth von Nebenlinien durch die südlichen Teile von Saskatchewan und Alberta. Viele von ihnen sind schon längst stillgelegt und ehemals blühende Stationsdörfer sind zu Geisterstädten geworden.

DIE BERGE

Oben: Vermesser suchen eine Trasse für die Eisenbahn durch den Kicking Horse Canyon (ca. 1880).

Links: Der «Canadian» unterwegs nach Westen auf seinem Weg durch die Rocky Mountains bei Field, British Columbia.

In den Rocky Mountains beginnt dann die ganz große Schau, dieses Epos auf Breitleinwand, das Touristen aus aller Welt anlockt. Viele von ihnen kennen die Hauptdarsteller schon von zahlreichen Ferienplakaten und Bildprospekten: diese jungen, mächtigen Berge, nicht so hoch wie der Himalaja, nicht so elegant wie die Alpen, aber so voller Energie, daß man sich unwillkürlich jener unvorstellbaren Gewalten erinnert, der sie ihre geologische Entstehung verdanken.

Während der ersten Stunde sorgen die Ausläufer westlich von Calgary für eine spannungsgeladene Ouvertüre; sie bilden nach der linearen Monotonie der Prärien eine willkommene Abwechslung. Das Publikum nimmt die Plätze im Aussichtswaggon ein, Kameras gezückt. Der Himmel ist klar. Wir fahren auf der breiten Uferbank dem Bow River entlang, und allmählich rücken die Berge auf beiden Seiten des Tals immer näher. Es verwandelt sich nach und nach in die imposante Eingangshalle zum Louvre Kanadas, zum Banff National Park.

Banff, der Hauptort des Parkgebietes, ist eine Stadt wie aus einem Bilderbuch. Von Bergen gleichsam umrahmt, scheint sie mit ihren heißen Schwefelquellen und ihren extravaganten Schokoladegeschäften eigens für Touristen geschaffen worden zu sein. Das Banff Springs Hotel, das in absurd anmutender Majestät ein abgeschlossenes kleines Tal beherrscht, ist ein wirkliches Schloß. Es ist der Stolz der CPR-Hotelkette und das einzige, das die Bezeichnung *château* wirklich verdient, sowohl innen als auch außen. In den prunkvollen Hallen stehen antike Pulte und Schränke aus Eichenholz, deren einziger Zweck es zu sein scheint, eine ganze Armee junger Angestellter mit Staubwedel und Poliertuch auf Trab zu halten. Die Fenster bieten so atemberaubende Ausblicke, daß die Architekten – offensichtlich verwirrt – das Hotel mit der Frontfassade nach hinten hingestellt haben; William Van Horne schritt noch im letzten Augenblick ein und fügte eine Rundhalle an, die den Fehler vertuschen sollte. Früher reiste die Crème der Gesellschaft aus Städten wie Chicago oder St. Paul an, um zu baden. Heute sind ganze Flugzeugladungen von Japanern die regelmäßigsten Kunden des Hotels.

In Banff wechselte ich vom Aussichtswaggon in den Führerstand der Lokomotive, der mir für die Fahrt über die Gebirgspässe und durch die Schluchten eine noch vorteilhaftere Position bieten würde. Auf dem ersten, 56 km langen Abschnitt durch das Tal des Bow River nach Lake Louise wähnte man sich in einem offenen Zoo. Kaum hatten wir den Bahnhof von Banff verlassen, als auch schon ein Koyote auf dem Gleis vor uns herraste, seinen buschigen Schweif wagemutig emporreckend. Ein paar Pfiffe verjagten ihn schließlich in die Wälder. Kurze Zeit später stoben weitere Koyoten und eine Schar Raben bei unserem Nahen auseinander – sie hatten sich am Kadaver eines vom vorhergehenden Zug getöteten Elchs gütlich getan. Der Schnee zwingt die Elche aus dem Hochland in die Täler hinunter, und jeden Winter kommen rund hundert dieser stolzen Tiere unter den Zug. «Deshalb haben wir hier unten so viele Koyoten», erklärte mir der zweite Lokführer. «Sie leben von den überfahrenen Elchen. Aber es ist gut, daß so viele getötet werden, denn sie vermehren sich beinahe zu schnell und leiden dann unter Futtermangel.»

Zu Füßen der ockerfarbenen Felstürme des Castle Mountain, der aussieht, als ob er den Château-Hotels als architektonisches Vorbild gedient hätte, tummelte sich ein großes Rudel von Elchen, und wir fuhren mitten durch sie hindurch; glücklicherweise befand sich keines der Tiere auf den Schienen.

Reisende der Grand Trunk Pacific in Moose Lake, Alberta, im Jahr 1915. Diese nördliche Route durch die Rocky Mountains über Jasper und den Yellowhead Pass wurde später durch die CNR übernommen.

Im Bahnhof des kleinen Holzfällerortes Lake Louise gab es einen kurzen Halt. Hier steht ein anderes, im Vergleich zum Banff Springs allerdings eher armseliges Château inmitten einer der symmetrischsten Szenerien der Welt. Dann verließen wir den breiten Korridor des Bow River Tals und näherten uns Gebirgsbarrikaden, die vor den Zeiten der CPR allgemein als unüberwindbar gegolten hatten. Ein steinernes Mal markiert die kontinentale Wasserscheide. Mit 1600 m über Meer befinden wir uns auf dem höchsten Punkt der Linie. Unweit von hier teilt ein Bach seine Wasser auf; die eine Hälfte fließt nach Osten zur Hudson Bay, die andere nach Westen zum Pazifik. Richtig aufregend wurde die Fahrt aber erst, als wir auf der andern Seite des Kicking Horse Paß durch die berühmten Kehrtunnel bergab fuhren.

Bevor die CPR im Jahr 1909 diese Tunnel gebaut hatte, mußten die Züge auf der westlichen Rampe des Passes eine Steigung von 4,4 Prozent überwinden. Dieser Abschnitt, der sogenannte «Big Hill», war damals die steilste ständig befahrene Normalspurstrecke der Welt, und trotz einiger Katastrophen diente sie dem Zugsverkehr während 25 Jahren, bis die Kehrtunnel fertig waren. Deren Anlage kann einen Reisenden einigermaßen konfus machen. Zunächst durchfährt der Zug eine Kurve von 288 Grad im oberen Tunnel, dann eine andere von 226 Grad im unteren. Die Gesamtlänge beträgt 1,882 km. Wenn die Lokomotive eines langen Güterzuges aus dem unteren Tunnel ausfährt, kann der Lokführer das Ende seines Zuges sehen, das eben in das obere Portal einfährt. Zusammen bilden die beiden Tunnel eine Achterfigur, die auch den beharrlichsten Orientierungssinn aus dem Gleichgewicht bringen kann.

Auf der Fahrt durch diese Kehrtunnel glaubt man sich in einem Bergwerk zu befinden; die Scheinwerfer der Lokomotive gleiten über rauhe, mit Eiszapfen überzogene Wände. In der Mitte des ersten Tunnels schaltete der Lokführer das Licht für einen Augenblick aus, um mir Angst einzujagen. Als wir uns wieder am Tageslicht befanden, erinnerte er sich an ein Erlebnis, das ihm im Jahr 1979 mit einem Güterzug widerfahren war. Ein Erdrutsch hatte den Gleisunterbau unmittelbar vor dem Eingang in den oberen Tunnel weggefegt, nachdem der Zug durchgefahren war. «Als wir am andern Ende herauskamen», berichtete Jordan, «blickten wir nach oben, wo wir gewesen waren, und wir entdeckten, daß das Gleis auf einer Länge von vielleicht 10 Metern einfach in der Luft hing. Die ganze Rutschmasse war auf das Gleis vor uns niedergegangen. Der Lokführer hieb auf die Notbremse. Der Bremser schrie: ‹Rette sich, wer kann!› und sprang ab.» Jordan blieb auf der Maschine. Sie entgleiste beim Aufprall, überschlug sich aber glücklicherweise nicht und stürzte auch nicht den Berghang hinunter.

Am Fuße des «Big Hill» liegt Field, zu Dampfzeiten ein geschäftiges Eisenbahnzentrum, als noch zusätzliche Lokomotiven eingeschaltet werden mußten, um die massive Steigung zu überwinden. Heute ist Field nur noch ein kleines Dorf, wo aber immerhin noch die Zugmannschaften ausgewechselt werden. Unser neuer Lokführer war ein geselliger, 43jähriger, altgedienter Eisenbahner namens G.H. Popplewell, der sich einfach Pop nennen läßt. Der Zug folgte dem Lauf des wilden Kik-

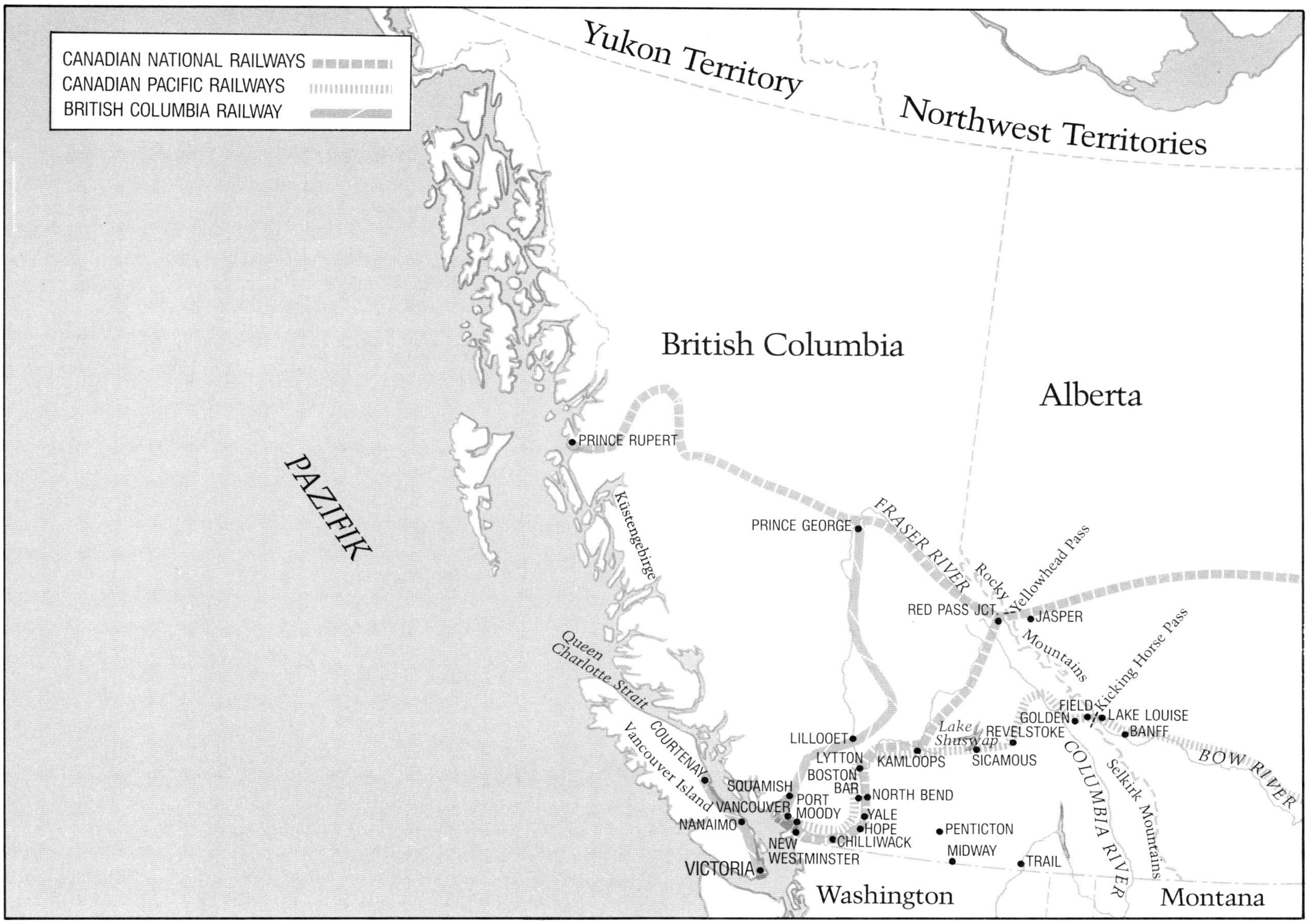

king Horse River, wand sich am Rande steiler Schluchten entlang und überquerte den Fluß ein halbes Dutzend Male. Pop schwärmte von den glorreichen Zeiten, als er noch eine ölgefeuerte 5900 fuhr: «Weißer Dampf strömte aus dem Auspuff in die kalte Luft hinaus.» Das Gleis klammerte sich an die Wand des Kicking Horse Canyon; über uns türmten sich lotrechte Schieferwände auf, unter uns tobten die weiß-grünen Wasser des Gebirgsflußes. «Unsere letzte 5900 entgleiste und landete im Fluß», erzählte Pop und zeigte mir die genaue Unglücksstelle. «Unser Heizer wurde hinausgeschleudert und landete auf dem Fels dort drüben. Er war in Ordnung, aber der Lokführer kam ums Leben.» Ein Stück weiter zeigte er mir eine Kurve, wo er 1966 einen tischhohen Felsblock gerammt hatte und entgleist war.

Auf den 55 km zwischen Field und Golden überwindet die Strecke einen Höhenunterschied von 454 m. Bei Golden mündet der Kicking Horse River in den 2500 km langen Columbia River, der den größten Teil der Provinz mit Elektrizität versorgt. Wir folgten seinem breiten, fruchtbaren Tal, bis es sich wieder zu einem Canyon mit vielen Wasserfällen verengte. Nun lagen die Selkirk Mountains vor uns, ein Gebirgszug, der einst das Rückgrat des nordamerikanischen Kontinents gebildet hatte, Berge, die schon alt waren, bevor die Rockies überhaupt entstanden. Wir hatten schon vorher ab und zu einen Blick auf die vergletscherten, nadelförmigen Gipfel erhascht. Die Selkirks, noch unwegsamer und unfreundlicher als die Rocky Mountains, bildeten eine Barrikade, die sogar die Ingenieure der CPR für unüberwindbar gehalten hatten.

Der Vermesser, der die Linienführung der CPR durch die Berge erkundet hatte, war Major A.B. Roger, ein alter Indianerkämpfer aus dem Mittleren Westen der USA, der noch nie einen Berg gesehen hatte, bevor ihn die Eisenbahn im Jahr 1881 in ihre Dienste nahm. Er war ein zäher alter Kauz mit einem buschigen weißen Schnurrbart, und er war dafür bekannt, daß er wochenlang nur von Kautabak und Bohnen leben konnte. Er kämpfte sich durch dichtes Unterholz, überwand Schluchten mit tosenden Gletscherflüssen und weite Schneefelder, stets nur mit dem einen Ziel, einen Paß über die Selkirk Mountains zu finden. Getrieben wurde er vom Ehrgeiz, Unsterblichkeit zu erlangen, indem sein Name fortan auf allen geographischen Karten verzeichnet würde. Und er schaffte es : am 24. Juli 1882 entdeckte er den Weg über den nach ihm benannten Rogers Paß.

Aber damit begannen die Probleme eigentlich erst. Im Winter ließen bis zu 15 m hohe Schneedecken auf der Paßhöhe den Eisenbahnbau zu einem Alptraum werden. Lawinen rissen ganze Wälder nieder und zerstörten alles, was sich auf ihrem Weg befand. Manchmal trieben die Arbeiter ihren Weg durch solche Lawinenkegel voran; eine solche Stelle erhielt den Namen «Plum Pudding Cut», weil die abgesägten Baumstämme wie Rosinen in einem Kuchen aussahen. Auch nachdem der Betrieb aufgenommen worden war, verschütteten Lawinen immer wieder große Abschnitte der Paß-Strecke. Zwischen 1885 und 1909 starben 200 Männer bei Unterhaltsarbeiten auf der Strecke. 1910 riß eine einzige Lawine 62 weitere Arbeiter in den Tod; daraufhin gab die CPR im Zusammenhang mit ihren Plänen, die ganze transkontinentale Hauptlinie doppelspurig auszubauen, den Rogers Paß auf und entschied sich für einen Tunnel 165 m unterhalb der Paßhöhe. Der 1916 vollendete Connaught Tunnel war der längste doppelspurige Tunnel auf dem Kontinent; später wurde er allerdings wieder auf eine Spur umgebaut, um breitere Gütertransporte zu ermöglichen. Heute bohrt die CPR einen neuen, nochmals 150 m tiefer liegenden Tunnel durch die Selkirks. Er wird nach seiner Eröffnung im Jahr 1989 mit 14,6 km der längste Tunnel auf einer Hauptlinie in der westlichen Hemisphäre sein.

Blick nach Westen aus dem Hotel in Field, British Columbia, im Jahr 1887.

Der Abschnitt der CPR-Linie durch die Selkirk Mountains weist mit bis zu 34 Zügen pro Tag die dichteste Frequenz aller einspurigen Strecken in ganz Nordamerika auf. Als wir durch das Beaver River Tal die Ostrampe emporzuklettern begannen, kreuzten wir einen typischen Güterzug. In einem «Vorspann»-Bahnhof, auf einem Nebengleis, standen 110 mit Kohle beladene Waggons – ein Gewicht von 14000 Tonnen – mit vier Zug-, zwei Zwischen- und sechs Schiebelokomotiven, insgesamt zwölf Einheiten mit zusammen 36000 PS. Die Kohle stand am Anfang eines ewig gleichen Kreislaufes: an die Westküste, von dort per Schiff nach Japan, in einen Hochofen, wo Stahl für Autos hergestellt wird, die dann per Schiff wieder über den Pazifik kommen, auf Züge verladen werden und über die gleiche Strecke kanadische Autohändler erreichen.

Das Gleis führt über ein Felsband, das von mächtigen Zedern und Tannen gesäumt wird. Selbst im November trugen die Bäume schon ihre Schneelast. Weiter oben sahen wir die alte Strecke über den Rogers Paß, heute überdeckt vom Betonband des Trans Canada Highway. Auf verschiedensten schlanken und eleganten Brücken überquerten wir tiefe Schluchten. Unter der 52 m langen Surprise Creek Bridge sieht man heute noch die Trümmer einer älteren Konstruktion, die 1929 unter dem Gewicht von zwei Dampflokomotiven zusammengebrochen war. Die Stoney Creek Bridge, die höchste auf der ganzen Linie, ist ein wahres Wunder an gebogenem Stahl: zwei Bogen verbinden wie ein Spinnennetz die Wände einer 100 m breiten Schlucht.

Als wir uns dem Connaught Tunnel näherten, schien sich die Lokomotive auf Kollisionskurs mit einem Berg zu befinden. In der Mitte war ein kleines Mauseloch zu erkennen, das immer größer und größer wurde. Der Zug hielt darauf zu und verschwand.

Die Brücke über dem Surprise Creek in den Selkirk Mountains, British Columbia, um 1895. Auf dem Bild erkennt man hinten die ursprüngliche Holzfachwerkbrücke und die spätere Schweißeisenkonstruktion in Form einer Stabbogenbrücke.

Als 1929 eine dritte Brücke gebaut wurde, die auch schwerere Lasten bewältigen sollte, brach der stählerne Bogen unter dem Gewicht zweier Dampflokomotiven zusammen. Eine der beiden erreichte noch das rettende Ufer, die andere stürzte 50 m in die Tiefe und riß zwei Männer in den Tod.

In Revelstoke kehrte ich wieder zu den andern Reisenden zurück und teilte den Tisch beim Nachtessen mit einem Pommes-Chips-Verkäufer aus Golden, der mich von seinem perfekten Leben zu überzeugen versuchte. Seine Arbeitstage verbringt er in einem Pommes-Chips-Lieferwagen in der Gegend zwischen Banff und Lake Louise. In seiner Freizeit geht er jagen und fischen und erbeutet dabei so viel Elch, Hirsch und Lachs, daß seine Tiefkühltruhe das ganze Jahr hindurch wohlgefüllt bleibt. Als Gegner moderner Waffen bedient er sich dabei nur einer alten Steinschloßflinte mit Schwarzpulver oder aber Pfeil und Bogen. Elche ergäben das beste Fleisch, verriet er mir: «Es ist so zart, daß man es mit einer Gabel zerteilen kann.»

Am Tisch nebenan saß merkwürdigerweise ein anderer Pommes-Chips-Verkäufer vom amerikanischen Hauptsitz einer Konkurrenzfirma. Zusammen mit einem Brezel- und einem Erdnuß-Verkäufer befand er sich als Delegation eines Snack-Food-Imperiums auf der jährlichen Verkaufstour per Eisenbahn durch den Westen Kanadas. Der Brezel-Mann führte das große Wort, auch wenn es um die Pommes-Chips seiner Firma ging, die er lautstark als die besten auf der ganzen Welt anpries. Der Schloßflinten-Liebhaber aus Golden ließ sich aber nicht provozieren. Ihm war gar nicht so sehr an seinen Pommes-Chips gelegen. Für ihn waren sie nur Mittel zum Zweck.

Es war unsere letzte Nacht im Zug, und nach dem Abendessen versammelten wir uns alle in der Bar: der englische Weltenbummler, die amerikanischen Touristen, die Pommes-Chips-Leute und ein paar in Calgary zugestiegene Reisende, darunter ein Musik-Promoter aus Vancouver, der ein Paar eingeschmuggelte Echsenhaut-Schuhe trug, Erbstücke von einem Freund, der ums Leben kam, als er in einem Tunnel drin hinter dem Steuer einschlief. Züge bringen die unglaublichsten Trinkgenossen zusammen.

In der Dunkelheit überwand der «Canadian» weitere Gebirgszüge und fuhr am steinernen Mal vorbei, das zur Erinnerung dort errichtet wurde, wo am 7. November 1885 der letzte Schienenangel der CPR eingeschlagen wurde. Die Inschrift lautet: «Ein nebelhafter Traum wurde Wirklichkeit. Ein eisernes Band durchquerte Kanada von Meer zu Meer.» Entlang dem Eagle River, dem Ufer des Lake Shuswap, dem

Thomson River und Fraser River folgte der Zug der rund 500 km langen Strecke zum Pazifik, die jeden Oktober auch rund zwei Millionen Rotlachse zurücklegen.

Das Teilstück durch den Fraser Canyon gehört zu den gefährlichsten Eisenbahnstrecken im ganzen Land. Die Transkontinentallinien der CP *und* der CN führen durch diesen Canyon, je eine auf jeder Seite. Der Bau der ursprünglichen CP-Strecke, der 1880 begonnen wurde, kostete mehr Dollar und Menschenleben als jede andere Eisenbahnstrecke vergleichbarer Länge in Kanada. Die Regierung vergab den Vertrag für die Bauarbeiten an einen Amerikaner namens Andrew Onderdonk, der die ersten Tunnel für die Untergrundbahn in New York unter dem East River gebaut hatte. Seine Männer waren während der ersten achtzehn Monate nur damit beschäftigt, sich auf drei von insgesamt 95 km durch den Fels zu sprengen und zu bohren, ohne auch nur eine einzige Schiene zu verlegen. Mit harten Quarzadern durchzogene Granitwände ragen auf beiden Seiten des Flußes bis zu 2500 Meter in die Höhe. Die ersten 21 km nördlich ihres Ausgangspunktes in Yale erforderten 17 Tunnel, und auf einem einzigen, 48 km langen Teilstück mußten einhundert Brücken und Viadukte errichtet werden.

Es war schwierig, überhaupt Männer zu finden, die unter so gefährlichen Bedingungen arbeiten wollten. Indianer, frei an Seilen hängend, trieben die Bohrlöcher für den Sprengstoff in den Fels. Onderdonk beschäftigte aber zum größten Teil chinesische Kulis für einen Dollar pro Tag. Zunächst ließ er sie über die Vereinigten Staaten kommen, 1882 holte er aber mit zehn Schiffen 6000 Chinesen direkt aus Hongkong. Ohne dieses Heer billiger, importierter Arbeitskräfte wäre Onderdonks Unternehmen geplatzt. Wo keine Maultiere zur Verfügung standen, mußten oft die Chinesen an ihrer Stelle Wagen schleppen. Man hielt sie für zäher als weiße Männer, und obwohl keine genauen Zahlen vorliegen, muß die Zahl der Opfer im Fraser Canyon enorm hoch gewesen sein. Todesfälle gehörten beinahe zu den wöchentlichen Ereignissen.

Der «Canadian» durchfuhr den Canyon mitten in der Nacht, aber vom Fenster meines Schlafabteils aus waren die gotisch anmutenden Felsklippen im Mondlicht gespensterhaft erkennbar. Weiter unten weitete sich der Fluß allmählich zum sumpfigen Weideland des Fraser Deltas. Bei Tagesanbruch erreichten wir Vancouver.

Natürlich verdankt auch die drittgrößte Stadt Kanadas (1,3 Mio. Einwohner) ihre Entstehung der CPR. Noch 1884 hatte man allgemein angenommen, als Endstation der Linie am Pazifik würde Port Moody am Ende des Burrard Inlet gewählt werden. Trotz der hektischen Spekulationen und Bautätigkeiten in diesem aufstrebenden Ort war Van Horne aber der Ansicht, es wäre hier zuwenig Raum für eine größere Stadt. Er entschied sich für die English Bay, an der Vancouver sich heute zwischen den Bergen und dem Meer ausdehnt.

Ich war überrascht, daß ich nach meiner langen Zugsreise durch das ganze Land noch keine Lust hatte, auszusteigen. Ich hatte mich an den Sicherheit verleihenden Rhythmus und an die exzentrische Gesellschaft gewöhnt – an diese innere Welt, die sich sofort in Nichts auflöste, als die Reisenden sich in den Gewölben des Bahnhofs zerstreuten. Ich nahm mir ein Taxi, das mich zum CN-Hotel Vancouver brachte, zu einem mächtigen, aber dennoch eleganten Gebäude mit einem grünen, schloßartigen Dach und steinernen Wasserspeiern. Im Morgengrauen des folgenden Tages saß ich bereits in einem Zug der British Columbia Railway in Richtung Norden. Er folgte dem kurvenreichen Ufer des Howe Sound, auf dessen anderer Seite blaugrüne, von orientalischen Nebeln verschleierte Berge aufragten. Dann führte die Strecke in die Berge der Coast Range, wo die zunächst grünen Bäume immer weißer wurden und am Ende unter den Schneemassen beinahe zusammenbrachen. Auf der andern Seite wurden sie wieder grüner und grüner, und schließlich fuhren wir an einem fjordähnlichen See entlang, wo die Berge unmittelbar aus jadefarbenen Wassern aufzusteigen schienen. Es war nur ein Tagesausflug, aber mit der BCR, die sich nach Norden bis zum Alaska Highway durchschlägt, hat man den Eindruck, man könnte bis ans Ende der Welt reisen.

Donald A. Smith, einer der Direktoren der CPR, schlägt am 7. November 1885 in Craigellachie, British Columbia, den letzten Schienennagel ein. Unmittelbar hinter ihm erkennt man – mit den Händen in den Taschen – William Van Horne, den Oberbauleiter der CPR. Zwischen Smith und Van Horne steht Sir Sandford Fleming, der die ersten Vermessungsarbeiten für eine Linie zum Pazifik durchgeführt hatte.

Bau der Eisenbahnlinie entlang den Wänden des Fraser Canyon zwischen Yale und Boston im Jahr 1881. Im Vordergrund der erste von siebzehn Tunneln, die auf einer 21 km langen Strecke nördlich von Yale gebaut werden mußten.

Ein chinesischer Bautrupp auf der CPR-Linie westlich des Rogers Pass im Jahr 1889. Zu Beginn der 80er Jahre waren rund zehntausend Chinesen nach Kanada geholt worden, um die Eisenbahn durch die Berge voranzutreiben.

Für eine allerletzte Fahrt verließ ich das kontinentale Festland. Die Reise sollte enden, wie sie begonnen hatte – auf einer Insel. Genau so, wie Newfoundland Kanada im Atlantik verankert, tut dies Vancouver Island im Pazifik. Dennoch haben die beiden Inseln wenig gemeinsam. Beide sind zwar stark bewaldet, doch während die Nadelbäume auf Newfoundland eher von kleinem Wuchs sind, kann sich Vancouver Island der wohl eindrucksvollsten Bestände mächtiger Zedern, Hemlocktannen und Douglasfichten weit und breit rühmen. Die Haupthäfen, St. John's beziehungsweise Victoria, zeugen beide von britischer Tradition, doch verdankt St. John's seinen kolonialen Reiz biersaufenden Seeräubern und Fischern, während die kristallpalastartige Unberührtheit Victorias eher an die Upper Middle Class des Britischen Reiches erinnert.

Der «Malahat Dayliner» verkehrt auf der 225 km langen Strecke zwischen Victoria und Courtenay. Sie entstand im Jahr 1884 im Rahmen der Esquimalt and Nanaimo Railway, die der Kohlekönig Robert Dunsmuir gegründet hatte, um seine Bergwerke zu erschließen. Ich bestieg den Dayliner in Nanaimo, fuhr bis ans Ende der Strecke und wieder zurück nach Victoria. Schon bald wurde mir klar, daß es sich um keine gewöhnliche Zugsfahrt handelte. Viele Bahnhöfe waren liebevoll restaurierte Antiquitäten, und an verschiedenen Punkten entlang der Strecke gab es interessante Objekte zu bewundern: auf Hochglanz polierte Museums-Dampflokomotiven; alte, in leuchtendem Orange neu gestrichene Bremswaggons; moderne Wandgemälde, die Pioniere und Indianer darstellen. Über den Sitzen an Haken aufgehängt, standen dem historisch interessierten Reisenden illustrierte Broschüren zur Verfügung, und der Schaffner gehabte sich halb als Museumskonservator, halb als Maître d'Hôtel.

Es regnete, als wir von Courtenay in Richtung Süden fuhren. In einem Holzlager neben dem Gleis lagen geschälte und naß leuchtende Baumstämme exakt aufgeschichtet wie Betonröhren. Die Strecke führt auf weiten Strecken durch Wälder, und nicht selten blockieren alte, umgestürzte Bäume die Schienen. Der Lokführer ist nie ohne Motorsäge unterwegs. Wir überquerten zahlreiche Wasserläufe, von denen mir ein Creek nördlich von Nanaimo besonders in Erinnerung blieb: Er wimmelte nur so von Lachsen, die zum Laichen flußaufwärts zogen – es schien mehr Fisch als Wasser zu haben. Als der Zug auf die Brücke donnerte, wandte sich die ganze Masse wieder flußabwärts. «Sie geraten so leicht in Panik», meinte der Lokführer. Er bremste die Maschine auf Schrittempo ab, und sofort wandten sich die Fische wieder ihrem ursprünglichen Ziel zu, wie von einem Magneten angezogene Eisenspäne. Als wir kurze Zeit später in die Nanoose Bay einfuhren, zeigte mir der Schaffner ein gelbes Unterseeboot mitten in der Bucht. Ungläubig zwinkerte ich mit den Augen. Die Nanoose Bay dient als Testgebiet für Unterwasserwaffen, und hier versuchte die Marine einst, Beluga-Wale zum Zurückholen von Torpedos abzurichten.

Südlich von Nanaimo kamen wir durch eine englisch anmutende Landschaft mit sattgrünen Weiden und alten Bauernhäusern. Der Schaffner schien die meisten Bewohner zu kennen: «Da gab es einen über achtzig Jahre alten Mann – und wir ließen ihn jeweils direkt vor seiner Haustür einsteigen. Heute dürfen wir das nicht mehr. Wir dürfen nur noch in den Bahnhöfen anhalten.» Als wir uns Victoria näherten, winkte er alle Augenblicke Leuten zu, die aus ihren Fenstern schauten – alles Stammgäste. Er deutete auf ein kleines Mädchen und dessen Mutter, die sich im Lichte der Schlafzimmerbeleuchtung silhouettenhaft abzeichneten. «Das kleine Mädchen winkt uns, seit es seinen Arm bewegen kann», erzählte er. «Einmal waren sie im Zug, aber wir wußten nicht, daß es diese beiden waren. Die Mutter verriet es uns erst kurz vor dem Aussteigen. Das ist schade, denn wenn wir es gewußt hätten, hätten wir den beiden alles so richtig zeigen können.»

Es war bereits dunkel, als wir Victoria, die Hauptstadt von British Columbia erreichten. Das Regierungsgebäude war erleuchtet wie ein Pavillon auf einem Rummelplatz, und daneben stand das letzte der CP-Hotels, eine gotische, würdevolle alte Dame, die «Empress». Bevor ich ausstieg, bat mich der Schaffner um eine Eintragung ins «Logbuch». Ich hatte auf meiner Reise quer durch Kanada über sechstausend Kilometer zurückgelegt, aber noch nie zuvor hatte ich einen anderen Zug mit einem Gästebuch gesehen.

Ein Holztransport verläßt Hastings Mill in Vancouver (ca. 1890).

Rechts: Ein Güterzug Richtung Osten pflügt sich durch das tief verschneite Bow Valley.

5820
5820
5579

Oben: Eine Güterzuglok und ein Budd-Waggon im Depot von Victoria, British Columbia.

Unten: Die Brücke über den Fraser River bei Chilliwack, British Columbia.

Rechts: Ein Budd-Waggon im Depot von Victoria.

Seite 172/173: Der «Canadian» unterwegs nach Westen in der Nähe der Kehrtunnel am Kicking Horse Paß.

Der Bahnhof von Midway, British Columbia.

Der «Canadian» bei der Ausfahrt Richtung Westen aus Field, British Columbia.

Seite 176/177: Das Banff Springs Hotel im Banff National Park. Umgeben von der wohl bekanntesten Landschaft Kanadas ist dieses Hotel das Aushängeschild der Canadian Pacific-Kette. Es beherbergte einst amerikanische Aristokraten, die zu Schwefelbadkuren nach Banff kamen. Heute sind die meisten Gäste Japaner auf organisierten Rundreisen.

Frühmorgendliche Fahrt mit der British Columbia Railway am Howe Sound entlang. Das Streckennetz der drittgrößten Eisenbahn Kanadas weist eine Länge von 2028 km auf. Die Linien der B.C. Rail bilden eine Art stählernes Rückgrat bis in den äußersten Norden der Provinz und führen durch eine der spektakulärsten Gebirgslandschaften des Kontinents.

Die CPR-Station in Boston Bar am Fraser River. Eine einzigartige Luftseilbahn verbindet Boston Bar mit North Bend am anderen Flußufer. Mit einem Auto pro Fahrt gleitet sie 37 m über dem Wassespiegel dahin; bei Hochwasser kann dieser Abstand allerdings bis auf 9 m zusammenschrumpfen.

Seite 180/181: Die British Columbia Railway schlängelt sich am Ufer des Howe Sound entlang und nähert sich dem Holzindustrieort Squamish. Von dort aus fährt der Caribou Dayliner noch 681 km weiter in Richtung Norden bis nach Prince George.

CPR und CNR überqueren den Fraser Canyon auf separaten Brücken bei Siska Flat. Im Vordergrund die Brücke der CPR. Der Bau der Linie durch den Canyon war ein schwieriges und gefährliches Unterfangen, das vier Jahre in Anspruch nahm. Mit Unmengen von Dynamit und ungefähr zehntausend chinesischen Arbeitern vollendete der amerikanische Bauunternehmer Andrew Onderdonk diesen Abschnitt der CPR im Jahr 1884. Schwere Unfälle waren an der Tagesordnung.

Ein Güterzug der CNR überquert den Tompson River bei Lytton, British Columbia.

Links: Die CNR-Linie am Fraser River, vom Mule Mountain aus gesehen.

Oben: Eine Fähre von Vancouver Island kommt in der Horseshoe Bay in West Vancouver an.

Der Getreide-Terminal der CPR und die Second Narrows Bridge in Vancouver. Jedes Jahr verlassen über 5 Millionen Tonnen Getreide aus den Prärien Vancouver per Schiff.

Ein Güterwagen in Victoria, Endstation der Vancouver Island-Linie, die 1884 unter dem Namen Esquimalt and Nanaimo Railway ihren Betrieb aufgenommen hatte. Der Kohlenbaron Robert Dunsmuir hatte sie gebaut, um seine Kohlengruben zu erschließen. 1905 wurde sie von der CPR gekauft. Vancouver Island besitzt heute auch ein ziemlich großes Netz privater Holzfällerbahnen.

Seite 188/189: Der «Caribou Dayliner» der British Columbia Railway windet sich dem Abgrund entlang durch den Cheakamus Canyon im Küstengebirge. Die Linie folgt dem Cheakamus River und steigt dabei auf 670 m an.

THE EMPRESS

Links: Das westlichste Glied in der Hotelkette der Canadian Pacific, das Empress. Es gilt als Bastion der britisch-stämmigen Gesellschaft von Victoria und ist für sein englisches Nachmittagstee-Ritual bekannt.

Schwimmendes Holz vor Vancouver Island in der Nähe von Chemainus. Wälder bilden die wichtigste Einkommensquelle in British Columbia, und der radikale Holzschlag, der die letzten jungfräulichen Bestände auf den Inseln vor der Küste bedroht, hat erbitterte Konflikte zwischen Umweltschützern und Holzindustrie ausgelöst.

Der Malahat Dayliner, der aus zwei Budd-Waggons mit Eigenantrieb besteht, fährt durch die grüne Landschaft von Vancouver Island.

Rechts: Die letzte einsatzfähige Dampflok auf Vancouver Island, die mit zwei Triebdrehgestellen ausgerüstete Shay Nr. 3147 der Lima Locomotive Works aus dem Jahr 1920, eine typische Holzbahnlok, auf Rundfahrt durch das Gelände des Cowichan Valley Forest Museums in Duncan.

Der «Canadian» verläßt Vancouver Richtung Osten.

von der Firma Pullmann Co., in Chicago gebaut wurden; die CN gaben damals die größte Bestellung aller Zeiten in Kanada auf: 218 Erstklasswagen, 104 Schlafwagen und 6 Barwagen. Die Firma Budd Co. lieferte der CP 173 Waggons aus rostfreiem Stahl. Die Schlafwagen umfaßten 29 Einheiten der Serie «Château», 42 der Serie «Manor» und 18 der Serie «Park». Die stets am Zugende angekoppelten «Park»-Waggons bieten Raum für drei Doppel-Schlafzimmer, ein privates Wohnzimmer, einen Salon, eine Bar und eine Aussichtskuppel.

Die VIA, die Rollmaterial von CN und CP übernahm, besitzt heute eine Flotte von 583 konventionellen Personenwagen, 91 LRC-Waggons und 70 Schienenbusse mit eigenem Antrieb. Die neuesten Kompositionen, die LRC-Züge, wurden ab 1981 auf der Strecke Quebec – Windsor eingesetzt. Die wichtigste technische Neuerung, ein automatisches Neigungsausgleichssystem für Kurven, hat allerdings nie funktioniert. Obwohl diese Züge für eine Spitzengeschwindigkeit von 200 km/h gebaut sind, verkehren sie mit einer Betriebsgeschwindigkeit von höchstens 153 km/h. Eisenbahnkreise sind der Ansicht, es seien spezielle Gleise – ausschließlich für den Personenverkehr – notwendig, wenn höhere Geschwindigkeiten erreicht werden sollen.

GÜTERVERKEHR

1983 beförderten die drei größten Eisenbahnen Kanadas über 200 Mio. Tonnen Frachtgut

CN Rail 107,4 Millionen Tonnen
CP Rail 88,2 Millionen Tonnen
BC Rail 9,3 Millionen Tonnen

Getreide und Kohle machen den Löwenanteil aus. Im Jahr 1983 transportierten CN und CP insgesamt 43,2 Mio. Tonnen Getreide und 28,9 Mio. Tonnen Kohle. Forstwirtschaftliche Produkte, Pottasche, Schwefel und Petrochemikalien besitzen ebenfalls größere Anteile am kanadischen Güterverkehr.

Vancouver und Thunder Bay sind die Haupthäfen, über die von der Eisenbahn herbeigeführte Frachtgüter exportiert werden. Der Bau neuer Anlagen zur Abfertigung von Kohle und Getreide im Hafen von Prince Rupert im Norden von British Columbia wird den bisher ziemlich isolierten Terminal der CN in einen bedeutenden Zubringer zum Pazifik verwandeln.

Güterwaggons

Die Güterwagentypen umfassen gedeckte Waggons, Plattformwaggons, Trichterwaggons, Niederbordwaggons, Kohlenschlammwaggons, Tankwaggons und dreistöckige Autotransportwaggons – um nur ein paar wenige zu nennen. Die CN besitzen 92000 Güterwagen, die CP deren 62000, die BC 10000.

Die CN dürfen auch behaupten, die größte Schienenfähre der Welt zu betreiben; der *AquaTrain* verkehrt das ganze Jahr hindurch zwischen Prince Rupert und Whittier in Alaska, 1350 km über offenes Wasser. Für einen Weg benötigt der AquaTrain, der 56 Waggons aufnehmen kann, vier Tage.

Die CN und CP spielten in den 60er Jahren auch eine wichtige Rolle als Förderer des *Huckepack- und Container-Verkehrs;* beide verfügen über bedeutende Umladestationen.

NEUERUNGEN

Robot-Lokomotiven: Die CP setzte 1967 erstmals ferngesteuerte, in Zugsmitte eingeschaltete Diesellokomotiven im fahrplanmäßigen Verkehr ein.

Einheitszüge bestehen aus identischen, nie voneinander abgekoppelten Güterwagen, die immer das gleiche Frachtgut befördern und immer zwischen den gleichen Ausgangs- und Endstationen verkehren. Sowohl die CN als auch die CP setzen solche Einheitszüge ein, vorwiegend für den Transport von Kohle durch British Columbia an die Pazifikküste, aber auch zur Beförderung von Schwefel, Pottasche und Öl. Die CP stellte 1967 den ersten großen Einheitszug dieser Art zusammen; er transportierte 3759 Tonnen Schwefelsäure von Copper Cliff quer durch Ontario nach Sarnia. Die CN schufen 1977 den ersten Öl-Einheitszug der Welt, eine rollende Pipeline mit 60 Tankwagen.

Die *technische Forschungsabteilung* der CN hat einen Mini-Computer für Lokomotiven entwickelt, der bei einem Durchdrehen der Räder automatisch die Kraft der Antriebsmotoren verringert ebenso selbststeuernde Güterwaggons, die den Reibungswiderstand auf kurvenreichen Gleisabschnitten reduzieren, und den modernsten Lokomotiv-Simulator der Welt.

Durchgehend geschweißte Schienen, auch Langschienen genannt, mit Längen bis zu 400 m sind vor allem im Westen verlegt worden, wo die Belastung durch schwere Kohlezüge besonders groß ist. Die CN besitzen rund 13000 km, die CP ungefähr 6500 km durchgehend geschweißte Schienen. Die CN experimentieren auch mit Betonschwellen, die bereits auf etwa 1600 km ihres Streckennetzes verlegt sind.

Die *British Columbia Rail* leistete große Pionierarbeit. Damals noch unter dem Namen Pacific Great Eastern Railway stellte sie zu Beginn der 50er Jahre als erste Eisenbahn in ganz Nordamerika ihren gesamten Betrieb auf Dieseltraktion um. 1983 eröffnete sie ihre Zweiglinie zu den Kohlelagern von Tumbler Ridge; dies war die erste elektrifizierte Güterzugsstrecke in Kanada und erst die dritte auf der Welt mit einem Stromsystem von 50 kV. Für die notwendige Zugkraft sorgen 6000 PS starke elektrische Lokomotiven. Die BC war auch die erste Eisenbahn auf dem nordamerikanischen Kontinent, die ein voll ausgebautes Kommunikationsnetz im Mikrowellenbereich in Betrieb nahm. Und sie hat eine radio-gesteuerte, computer-unterstützte Methode zur Leitung und Überwachung des Schienenverkehrs mit Video-Bildschirmen in den Führerständen der Lokomotiven entwickelt.

UNGLÜCKSFÄLLE

Die meisten schweren Unglücksfälle ereigneten sich zu Beginn

Eine «Birkenhead»-Lok mit einem Schneepflug zwischen Lévis und Richmond, Quebec, im Winter 1869. Die in England gebauten «Birkenheads» waren die ersten typisch kanadischen Lokomotiven; ihre Bauart entsprach nämlich den Vorstellungen eines britischen Lokomotivherstellers von einer kanadischen Lokomotive.

des Eisenbahnzeitalters, als es noch keine modernen Signal- und Sicherheitsanlagen gab.

Der *erste Zugszusammenstoß in Kanada* ereignete sich 1854 auf der Linie der Great Western Railway westlich von Chatham (Ontario), als ein mit Schotter beladener Bauzug mit einem Personenzug zusammenprallte; 47 Menschen kamen ums Leben.

Die *größte Eisenbahnkatastrophe in Kanada* ereignete sich am 29. Juni 1864 kurz nach 1 Uhr früh in der Nähe von Beloeil (Quebec), wo eine Drehbrücke den Richelieu River überspannt. Ein Schlepper zog eben einen Leichter unter der offenen Brücke vorbei, als ein Personenzug die roten Signallichter überfuhr und unter schrillem Pfeifen ins Nichts hinausschoß. Die Lokomotive stürzte auf den Leichter, und die Waggons folgten einer nach dem andern. Es handelte sich um einen aus 11 Wagen bestehenden Sonderzug mit 438 europäischen Einwanderern, die nur drei Tage zuvor mit einem deutschen Segelschiff angekommen waren. Die meisten von ihnen befanden sich auf dem Weg in den Mittleren Westen der USA. Siebenundneunzig Reisende und zwei Eisenbahnangestellte kamen bei dieser Katastrophe um. Zwei Tage später erreichte die Zahl der Opfer hundert, als ein neugieriger Passagier, der sich aus dem fahrenden Zug lehnte, durch einen Telegraphendraht enthauptet wurde.

Der Lokführer, der über die offene Brücke hinausschoß, war mit der Strecke nicht vertraut. Er überlebte und wurde von einem Geschworenengericht wegen Fahrlässigkeit verurteilt. Die Empfehlungen des Coroners sollten für die Sicherheit der Eisenbahnen in Zukunft einschneidende Folgen haben. So wurden die Zugsbesatzungen von vier auf fünf Männer erhöht, und die Sicherheitsmaßnahmen wurden verschärft. Und die Katastrophe veranlaßte einen jungen Amerikaner namens George Westinghouse, das Konzept für eine Druckluftbremse zu entwikkeln, die 1868 erstmals der Öffentlichkeit vorgeführt wurde.

Zwischen 1979 und 1983 zählte man in Kanada durchschnittlich 312 Entgleisungen pro Jahr. Der schwerste Zwischenfall ereignete sich am 10. November 1979, als 25 Waggons eines Güterzuges der CP in Mississauga (Ontario) aus den Schienen sprangen. 19 Waggons transportierten gefährliche Güter, und ein Tankwagen mit tödlichem Chlorgas wurde leckgeschlagen. Rund 225 000 Menschen wurden evakuiert und konnten erst eine Woche später zurückkehren. Opfer waren keine zu beklagen.

ZUGRÄUBER

Kanadas erste Zugräuber waren fünf Männer, die sich unter weißen Ku-Klux-Klan-Gewändern maskiert hatten. Sie verschafften sich am 13. November 1874 zwischen Toronto und Port Credit Zutritt zum Expresswaggon der Great Western Railway und entkamen mit einer Beute von $ 45 000.

Kanadas berühmtester Zugräuber war ein Amerikaner: Bill Miner hatte wegen Straßenräubereien schon 34 Jahre abgesessen, als er 1904 unter dem Namen George Edwards nach British Columbia kam, wo er nun Züge überfiel. In einer Septembernacht des gleichen Jahres stoppte er mit zwei maskierten Komplizen den Transcontinental Express der CPR, indem er den Lokführer mit einer Feuerwaffe bedrohte. Die Beute betrug $ 7000 in Bargeld und Goldstaub. Im Mai 1906 erwischte er nur einen praktisch wertlosen Postsack. Die Berittene Polizei stellte ihn noch im gleichen Jahr, und er wurde zu lebenslanger Haft verurteilt. Im folgenden Jahr gelang es dem «Gentleman Bandit» auszubrechen. Er floh in die USA, wo er nach einem Überfall auf einen Zug in Georgia erneut festgenommen wurde, um abermals auszubrechen. Er wurde wieder festgenommen, entwischte nochmals und ging der Polizei schließlich endgültig ins Netz. 1913 starb er in einem Gefängnishospital in Georgia.

Eine der ursprünglichen «Royal Hudson»-Lokomotiven, die einst zur CPR-Flotte gehörte, fährt heute im Sommer Touristen zwischen Vancouver und Squamish auf der British Columbia Railway.